老後の資金10年で2倍にできるって本当ですか？

――月1000円からの超・投資入門――

信州大学経営大学院特任教授
上地明徳

青春新書
PLAYBOOKS

はじめに――この「常識」を知らないと、人生で一千万円単位の損をする！

私（この本のライターの中村）がフリーランスになったのは、今から5年前。幸い仕事にも恵まれ、生活するには困らない程度の収入を得られるようになりました。とはいえ、ものすごく余裕があるわけではありません。老後のための資金？　そんな先のことまで考えられないし、大事なのは、今を楽しく生きること！　そんなふうに考えていた30歳のある日。仲の良い友達と、いつもの店でお茶していた時のことです。

ミホ「みんなは貯金ってどのくらいある？」
ハルカ「預金用の口座には50万円くらい入ってるよ」
中村「私も同じくらいかなぁ（本当はもっと少ないけど）」
ハルカ「あとは、会社で財形貯蓄してて、それが150万円くらい」
中村「合わせて200万!?　すごいね！」
ハルカ「そう？　ミホは短大卒業してすぐ働き出したからもっとあるでしょ？」

ミホ「うん。学生時代からの貯金も合わせると500万円くらい」
中村「……！」
ミホ「でね、そのお金を使って、投資を始めようと思ってるんだよね。ほら、ちょっと前に『老後2000万円問題』ってあったでしょ。あのニュース見てたら急に不安になってきちゃって」

そういえば少し前に、金融庁が「公的年金以外に老後資金2000万円が必要」だとか言って世間がザワついていたような。興味がなくて聞き流していたけど、もしかして私にも関係ある話だった？

ハルカ「わかる〜！　私も子どもが生まれてから終身保険には入ったけど、これからの教育資金を考えるとお金の心配が尽きないよ」
ミホ「私たちの世代は年金ももらえるかどうか怪しいって言うしね」
中村「す、すごいね、二人とも。そんな先のことまで考えてるなんて……」
ミホ「まさか！　こんなの考えてるうちに入らないよ」

ハルカ「そうそう。それにフリーランスのほうが大変でしょ？」
ミホ「でも中村は大丈夫だよ。だってライターだもん。私たちよりお金の話には詳しいでしょ。投資について詳しくなったら私たちに教えてね！」
中村「あ、うん。もちろん！」

勢いでこんなふうに答えましたが、もちろん私にお金の知識なんてありません。それどころか貯金だってありません。仲間だと思っていた友人の口から、まさか「投資」なんて言葉が飛び出すとは……。もしかして、お金のこと考えていないの、私だけ!?

「今が楽しければＯＫ！」そう思っていたのに、突如、将来が不安になってきました。現実問題、老後資金がいくらあったら安心できるのか調べてみても、「必ずしも２０００万円必要というわけではない」というものもあれば「実際には６０００万円必要」など、言うことはメディアによってバラバラ。

しかし、このまま何もしなければ、待っているのは悲惨な老後だけ。そういえばうちの父親は定年退職が近づいているんだった。姉夫婦も子育てで大変そうで、みんなちゃんと老後のお金のこと、考えてるんだろうか……。不安になってきた私は、家族の老後資金の問題も含めて、お金のプロに話を聞きに行くことにしました。

＊

はじめまして。金融機関のプロなどへの資産運用アドバイスや、個人投資家向けに金融教育サイトを主宰している上地《かみじ》です。

——さっそくなのですが、上地さん。私、老後資産をどう用意すればいいのかわからなくて、悩んでいるんです。現時点で貯金もゼロ。どうしたらいいんでしょうか？ 教えてください！

中村さんに最初にお聞きしたいのですが、これまでどのような資産運用を行ってきましたか？

——銀行預金しかしたことがありません。といっても、あればあるだけ使っちゃうので、正直言うと、貯金はゼロです。

では、「投資」という言葉には、どんなイメージをお持ちですか？

——うーん……私には縁がないと思ってます。だって、投資をするには、まとまったお金が必要ですよね。私は種銭ゼロなので、やりたくてもできません。経済のこともよくわかってないし。それに、投資って大儲けすることもあれば、大損することもあるんですよね？ もしそうなったら老後資金どころじゃなくなっちゃいます。

なるほど。よくわかりました。ただ、適切な方法で投資をすれば、資産を2倍以上に運用することは誰でもできるって言ったら、どう思いますか？

――2倍以上って、そんなうまい話があるわけないじゃないですか。それに、もしそれが本当なら、みんなやってると思います。

ところが、これが本当なんです。ただ、中村さんと同じように、ほとんどの人は投資に対して誤ったイメージを持っています。投資には、いろいろな種類があって、なかにはほとんど知識を必要とせず、それほど高いリスクは取らなくてもお金を増やせる投資もあるんですよ。このことを知っているのと知らないのとでは、一生涯で一千万円単位の差が出てくることもあり得ますよ。

――本当ですか？　ちょっと信じられません。

中村さんやご家族の老後資金を作るためには、どんな投資がいいか。これから説明していきましょう。

老後の資金 10年で2倍にできるって本当ですか？　目次

2章 知識ゼロの私でも、ちゃんと投資で儲けられるもの？

——余計な経済知識・中途半端な投資経験がかえって邪魔な理由

3章

これからの人生&老後のお金、どう考えるべき？

——消費税10％、少子高齢化、年金不足時代……の頭のいい対応法

5章

老後資金2000万円が無理なく作れる、ほったらかし運用術
――「何に投資するか」なんて迷わなくていい。選ぶべきはこの2本！

6章 年齢・タイプ別、老後資金を2倍以上に増やす実践アドバイス

——貯金ゼロなら、夫婦共働きなら、50歳からは、定年退職前後なら……

帯・章扉イラスト／嘉戸享二
編集協力／中村未来
本文ＤＴＰ／エヌケイクルー

※注1：本書に掲載された数値等は、特にことわりのないものは2019年8月時点のものです。

※注2：本書で紹介した情報によって発生した損失等につきましては、著者・出版社とも、いかなる責任も負いかねます。投資の最終決定は、内容をよく確認したうえで、自己責任で行うようにしてください。

1章

投資でお金を増やそうなんて危険、の大誤解

――世界では常識! 誰でも無理なく老後資金を2倍にできる投資術

「ギャンブル」から「堅実な資産運用」まで、投資にもいろいろある

まずは、中村さんが思う投資のイメージを、詳しく教えてもらえますか?

——ええと、投資をするには、大金が必要です。あと、大儲けする人もいれば、大損して自己破産する人もいると聞いたことがあります。詐欺が多いイメージもありますし……株のほかに、不動産や、FXも投資ですよね? ギャンブルみたいな印象もあります。

日本人の多くは、中村さんと同じように、「投資」＝「損をする・危険・難しい・ギャンブル」という、マイナスのイメージを持っています。しかし本当は、投資にもいろいろな種類があって、すべてがギャンブル性の高い投資というわけではないんです。

——そうなんですか?

はい。短期で利益を得ようとするギャンブルのような投資もあれば、コツコツ積み立てて資産を形成していくリスクが小さい投資もあります。日本では、それらをまとめて「投資」として一括《ひとくく》りにしてしまっています。

——そうだったんですね。それじゃ、投資にはどんな種類があるんですか?

（図表1-1）「投資」の3つの種類

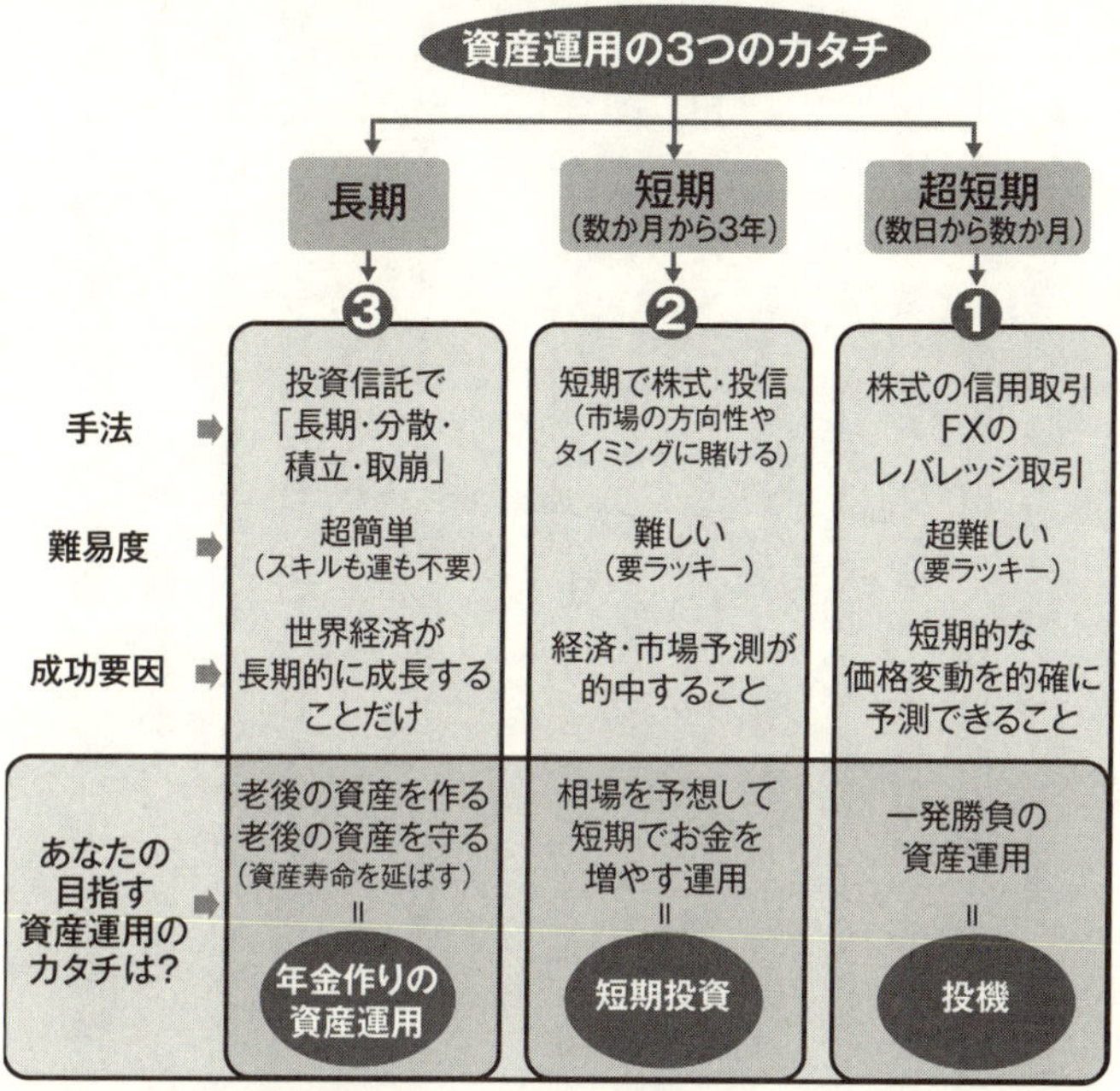

まず、一般向けの投資には「大きく分けて3つの種類」があると私は考えています。この3つの種類を知ることは、これから中村さんが投資をするうえで非常に大切なポイントです。一つずつ、ゆっくり整理していきましょう。

——はい、お願いします！

まずは上図②の「短期投資」からご説明しましょう。株式や投資信託（投信）で市場の上がり下がりのタイミングを予測して売買を繰り返す投資です。相場を読んで値上がりしそうなものを先回りして購入する、賭けの要素が強い資産運用です。必然的にタイミングを重視しますので、「短期（数か月から3年程度）」の時間軸に分類されます。

比較的短い期間でお金を増やしたい人が行う資産運用ですが、銀行や証券会社で日常的に顧客にすすめられる投資であり、日本人が資産運用の一般形と思っている資産運用のカタチです。

――市場の上がり下がりのタイミングを予測して売買を繰り返す……たしかに、私が思う投資もこのイメージです。

図中①は、株式の信用取引やＦＸのレバレッジ取引など、短期的に一攫千金を狙う「投機」です。手っ取り早く稼ぐことも可能ですが、失うのもあっという間。仮に始めるとしても、資産運用ではなく、ギャンブルに近いものだと割り切って始めてください。

――ギャンブルですか。私が手を出したら、あっという間にすっからかんになりそうです。

そして図中③が、投資信託を使って長期・分散・積立でお金を増やす資産運用です。これは、賭けの要素がほとんどなく、世界経済が長期的に成長する限り失敗しない手法なので、「年金（作りの資産運用）」には最適の手法です。結論を言ってしまうと、中村さんにおすすめしたいのが、この「長期・分散・積立」投資なんです。

――そうなんですね。でも、どうして「長期・分散・積立」投資がいいんですか？　さすがにギャンブル性の高い「投機」はやりたいとは思いませんが、短期間でお金を増やせる②の投資なら、やってもいいんじゃないかなって思いますけど。

なぜ、「長期・分散・積立」投資がいいのかを、ほかの投資方法と比較しながら考えていきましょう。

――はい、お願いします！

値上がりしそうなものを予測して買うのは「本当の投資」ではない

はっきり言わせていただきますが、今、日本の証券会社や銀行が顧客に行うアドバイスのほとんどは、投資というよりは「投機」に近く、私は本物の投資ではないと考えています。来年、どこの市場が上がるか、今が絶好の買い時とかいった売買タイミングを当てにいくような②の短期投資も、①と同じように投資というよりギャンブルに近い行為です。

――えっ！　つまり、銀行がすすめるのは、ギャンブル性の高い運用ということ？

すべてがそうとは言いませんが、売る側のほうでも賭けの要素が大きい運用手法と、「長期・分散・積立」投資で行う「年金作りの資産運用」の違いが、明確に認識されていないように思えます。たとえば、中村さんが65歳までに2000万円の「老後資金」を作りたいと思って金融機関に行ったとしましょう。良い担当者に当たればいいですが、運が悪いと、年金作りに相応《ふさわ》しくない商品を提案されてしまう場合があるかもしれません。

——そんなことがあるんですか！　もし、私の目的に沿わない商品をすすめられても、知識がないから判断できないですし……。やっぱり、ある程度、書籍やネットで知識を入れておいたほうがいいんでしょうか？

実は、それがまた厄介なんですよ。ネットの投資情報や投資本の9割は、「①投機」と「②短期投資」に関する情報であふれているんです。

——ええ〜。でもたしかに、株で何億も儲けた主婦やサラリーマンの本を本屋でよく目にします。あいうのを見ると、いいな〜、私にもできないかな〜って思っていました。

その考え方、危険だな〜（笑）。株式市場や為替レートの短期的な値動きを的確に予測できる人なんてこの世に一人もいないし、そんな予測技術も存在しません。とりわけ予測能力の優れた人がいたとしても、予測を当て続けることはできないので、結局は運が尽きると同時に終了。投機の世界って、勝者のままやめる人は少なくて、敗者になって初めて足を洗うケースがほとんどなんです。素人が手を出してもたまたま1回はうまくいっても、再現性が非常に低いゲームなので、次も同じようにうまくいくとは限りません。

――そんなに難しいんですね。でも上地さんの言うことが本当なら、本屋さんには短期投資や投機ではなく、「長期・分散・積立」投資の本がたくさん並んでいるべきですよね。なんでそんなに偏ってしまうんですか？

答えは簡単。手っ取り早く、大きく儲ける可能性のある「投機と短期投資」のほうが面白いし、そうした情報をネタにしたほうが雑誌や書籍も売れるからです。それに「投機と短期投資」は結果が早く出るのに対して、「長期・分散・積立」投資の結果が出るのは遠い先の話、長い年月を要するからです

――なるほど～。本も売れないと意味がないですもんね。じゃあ、この本売れないじゃないですか？

そうだね。この本のタイトルを『投資で億《おく》り人になる方法』に変えちゃおうか？

――上地さん、冗談はやめてください。

はい、悪ノリしてしまいました（笑）。

「長期・分散・積立」という堅実、かつ最強の投資法

では、お伺いしますが、中村さんの資産運用の目的は何ですか？

――貯金もないし、フリーランスなので退職金もないしで、すごく不安なんです。仕事を引退したあとも心配なく生活できるくらいの資産を作りたいです。

いいですね。具体的には、何歳の時に、いくら資産があるのが理想ですか？

――ちょっと前に、老後2000万円問題が騒がれていましたよね。なので、最低でも65歳の時に2000万円のお金を確保しておけばいいかなと、漠然と思っています。できればもっとあるといいかも。

それで結構ですよ。「中村さんは現在30歳だから35年で2000万円を作る、できれば3000万円を作る」ですね。だとするとやはり、中村さんにとって最適な運用戦略は、投資信託を活用する「長期・分散・積立」投資です。

――「長期・分散・積立」投資ですか。でも困りました。本屋に行っても短期投資の本ばかりだし、金融機関に行っても、リスクの高い商品をおすすめされちゃう可能性があるんですよね。私のような

経済知識ゼロの人間は、どうしたらいいのでしょうか?

中村さん、グッド・クエスチョンです。その答えは、インデックス・ファンドを使って「長期・分散・積立」投資を実践すること。これだけ知っていれば大丈夫ですよ。

――インデックス・ファンドってなんですか、それ?

インデックスとは「指数」という意味です。インデックス・ファンドは、その指数に連動して価格が動くように作られた投資信託ということです。たとえば、日経平均株価指数って聞いたことはありませんか?

――テレビのニュース番組でよく聞くような……

そうですね。誰もがご存知の日本株指数（インデックス）が日経平均株価指数です。どのような指数かというと、日本経済新聞社が上場企業から選んだ225社の株価を1つの値段に指数化したものです。

では、もう一つ、東証第1部株価指数（TOPIX《トピックス》）は聞いたことありますか?

――これも聞いたことあるかなぁ。

1部上場企業はご存知ですか?

――就職活動の時、親から1部上場企業に就職してくれたらね～、みたいなことを言われた記憶があります。

そうですね。東証第1部とは東京証券取引所の1部上場企業のことです。現在2150社程度上場されていますが、それらの株価を東京証券取引所が1つの値段に指数化したものです。「日本株式インデックス」と言われたら、一般的にTOPIXに連動して値動きする投資信託のことで、日本の上場企業全体に投資するのと同じことと思っていただいてかまいません。おなじみの日経平均株価指数に連動するインデックス・ファンドの場合には、商品名に「日本株式インデックス225」とか「日経平均株式インデックス」といったように「225」や「日経平均」というキーワードが含まれていますので、中村さんでも区別できるようになっています。

——要するに、インデックス・ファンドというのは、日本株式=日本経済にまるごと投資って感じですね。日本以外の国の株式市場にも、インデックス・ファンドってあるんですか?

すべての国に必ずあるとは限りません。ただ、主要国であれば、ほとんどの場合、インデックス・ファンドは存在しますよ。

——そうなんですね。それじゃ、私は日本に住んでいるし、日本株式インデックス・ファンドを買うといいんですかね。

いいえ、違います。日本人だからといって、必ずしも日本株式インデックス・ファンドを買う必要はありませんよ。それに、日本株だけでは「分散」投資になりません。投資初心者であれば、私は「外国株式インデックス・ファンド」をおすすめします。「外国株式インデックス・ファンド」1本だけで先進国22か国に分散されていますので、それを長期にわたってコツコツと積立投資を行えば、「長期・分散・積立」投資がたった1つのファンドで可能になるんですよ。

――外国株式インデックス・ファンドですか。

そうです。なので、わかりやすく、この外国株式インデックス1本での投資から説明して、中村さんのゴールに沿った投資戦略について話を進めていきましょう。

イチオシの「外国株式インデックス・ファンド」って何？

――上地さんがすすめる、その外国株式インデックス・ファンドって、一体なんなんですか？

外国株式インデックスは、図表1－2に示したように、日本を除く先進国22か国の上場企業に分散された国際分散型のインデックス・ファンドのことです。

（図表1-2）外国株式インデックスの国別組み入れ株式構成比

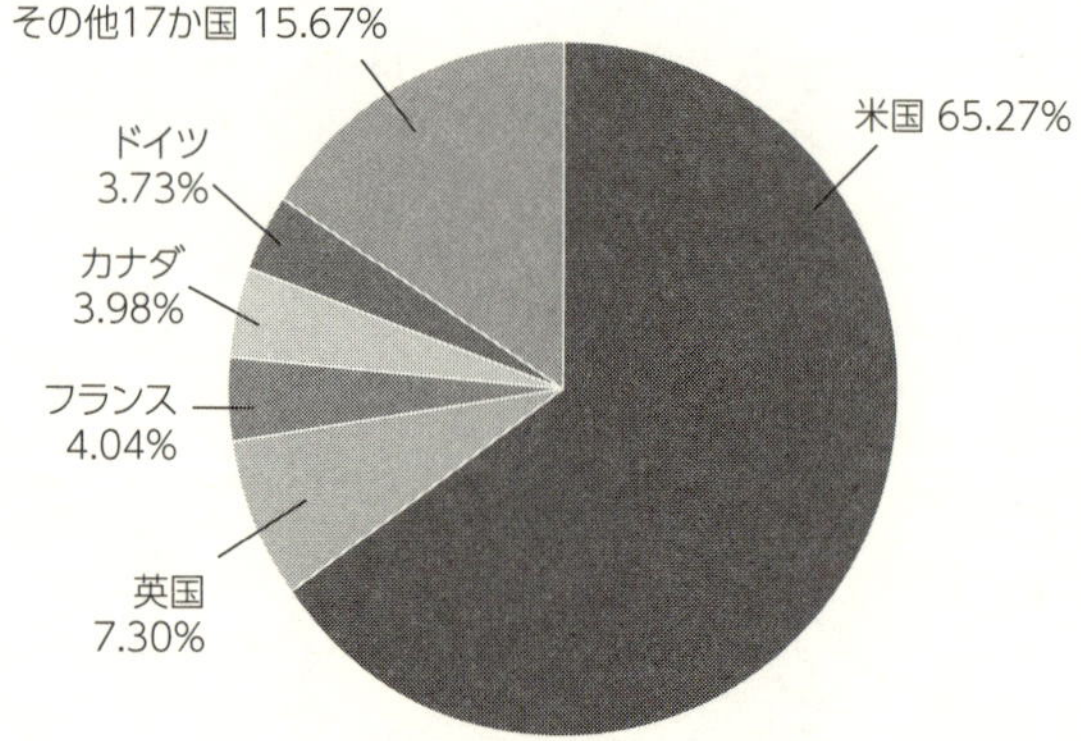

（出所）Bloomberg

——日本を除く、先進国22か国ですか。

比率でいうと、米国株式が最も大きく、65％を占めています。それは、構成比が世界の株式市場の時価総額のウェイトで決められているためで、市場規模が圧倒的に大きい米国はその比率に応じて多めに保有されるからです。

——さすが、アメリカ。経済大国なだけありますね。アメリカに続いて、イギリス、フランス、カナダ、ドイツときて、そのほか17か国とありますが、これってどこなんですか？

17か国は欧州の他の主要国、アジア太平洋地域では香港、シンガポール、オーストラリア、ニュージーランドが含まれています。ちなみに、名前が似ていてややこしいですが、

（図表1-3）外国株式インデックスの組入れ上位10銘柄

企業名	国名	割合
アップル	米国	2.11%
マイクロソフト	米国	1.52%
エクソンモービル	米国	1.17%
ジョンソン&ジョンソン	米国	1.08%
アマゾン	米国	1.07%
フェイスブック	米国	1.03%
ゼネラルエレクトリック	米国	0.91%
JP モルガン・チェース	米国	0.86%
アルファベット・クラスC	米国	0.82%
アルファベット・クラスA	米国	0.81%

（出所）Bloomberg, 2018年12月

世界株式インデックスなら、日本株式が含まれています（日本株式は約8％の組み入れ比率）。

——外国株式インデックス・ファンドは、具体的にはどんな会社の株式に投資されているのですか？

投資先企業を具体的に見ることで、外国株式インデックスのイメージがより湧いてくるかもしれませんね。上位10銘柄を示すと図表1－3のようになります。

——アップル、マイクロソフト、アマゾンって、私の知ってる企業がたくさん入っています！

中村さん、スターバックスでコーヒーを飲みながら、アップルのアイフォンを通じてフェイスブックで友人とつながり、グーグル

で商品の口コミを検索、アマゾンでショッピングなんて経験はありませんか？　外国株式インデックス・ファンドに投資している人は、スタバ、アップル、フェイスブック、アマゾンの株主になるということなんですよ。

——え、アップルの株主ですか。かっこいいですね。人に言いたくなります。

そうですよね。しかも、インデックス・ファンドは1000円から購入できますので、ランチ1回分の金額で世界的な企業の株主になれてしまうんです。

——1000円払っただけで、自分がアップルやアマゾンの株主にもなれるなんて、なんだか得した気分ですね。ところで、この外国株式のインデックスって誰がどう決めているんですか？　日本の場合は、日本経済新聞社や東京証券取引所が決めているんですよね。

MSCI社というアメリカの会社が指数を作っています。以前は、モルガンスタンレー・キャピタル・インターナショナルといって私の古巣モルガンスタンレー証券の子会社だったんですが、モルガンから独立して上場を果たし、最近では高収益・高株価の優良企業として成長しています。

外国株式インデックス・ファンドは、それ自体が商品名ではなく、各運用会社がいろいろな商品名で作っています。具体的な商品の一例は巻末（187ページ）を見ていただきた

(図表 1-4) 外国株式インデックスの推移

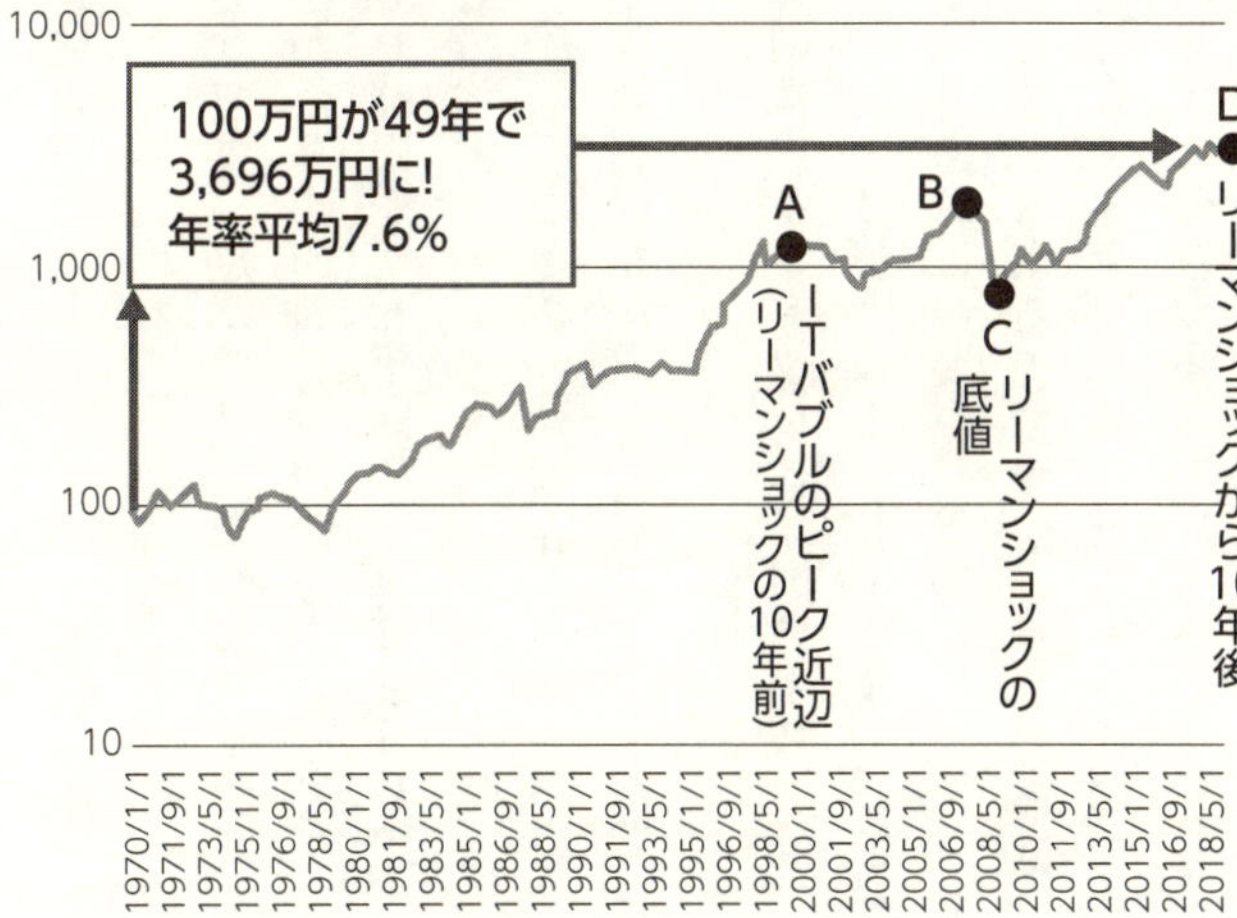

いのですが、外国株式インデックス・ファンドはいずれもMSCI社が作った〝MSCI-Kokusai〟という指数に連動するように設計されています。日本株を含む世界株式インデックス・ファンドであれば、〝MSCI-World〟という指数に連動するように設計されています。

——要は、外国株式インデックスは、日本を含まない先進国まるごと株式投資って理解で間違っていませんね？　ところで、外国株式インデックスというものに投資すると本当に儲かるのでしょうか？

論より証拠。外国株式インデックスのチャートを見てみましょう。図表1－4をご覧ください。1970年から2018年までの長期間のチャートですが、世界全体（先進国）の株式市場は、どうなっていますか？

――右肩上がりになっていますね。

そうです。短期では上がったり下がったりを繰り返しますが、長期的には上がっているのがわかりますね。外国株式インデックスは、この49年間で年率平均7・6％の上昇率です。1000円が、49年間で3万6966円、100万円が3696万円になっているということです。

――それって、すごくないですか？

年平均利回りが7・6％ということは、投資額が10年で2倍以上になるということです。

――10年で2倍ですか！

外国株式インデックス（円ベース）は、過去10年で「3・3倍」、20年で「2・6倍」、30年で「10・3倍」に上昇しています。世界経済は、日本のように一部には成長が停滞している国もあれば、2008年のリーマンショックの時のように一定期間に世界全体が不調に陥《おちい》ることもあるのですが、世界経済は全体的・長期的に見ると成長を続けてきました。

外国株式インデックスに投資する人は、そうした世界全体の長期的成長の結果として、成長の果実を受け取ることができるということです。

――ん？　ちょっと待ってくださいよ。20年よりも10年のリターンが高くなっています。ずっと右肩上がりなら、20年のリターンは、10年の3・3倍より高いはずでは？

いいところに気がつきましたね。そうなんです。20年よりも10年のリターンのほうが高い。これはなぜかというと、10年前がちょうどリーマンショックの底値で、20年前がITバブルの高値近辺だったからです。

――ちょうど、高値から底値に下がっている期間だったんですね。だから、リターンが低いのかぁ。

ITバブルという歴史的な強気相場と、リーマンショックというこれまた歴史的な弱気相場が前後して起きてしまった10年間、というところですかね。

ハズレのファンドをつかまされないために

――ところでインデックス・ファンド以外にも投資信託の種類ってあるのでしょうか？

はい、アクティブ・ファンドというものがあります。インデックス・ファンドはコンピューターが日安となる指数（インデックス）と同じ値動きをするように計算して上場企業の株式を買い付けますが、アクティブ・ファンドはファンドマネージャーという運用の専門家が上場銘柄の中から有望企業を発掘して厳選投資します。銘柄選択がうまくいけばインデックスを超えるリターンを獲得できますが、逆にうまくいかない場合は、インデックスを下回るリターンになってしまいます。

――当たり外れがあるということですね。上地さん的にはインデックス・ファンドがおすすめですね？

はい、中村さんにはインデックス・ファンドをおすすめします。

――私には……ですか？

インデックスのパフォーマンスを上回る自分でも買いたいアクティブ・ファンドはたしかに存在しますが、その見極め方を説明するのは簡単ではありません。アクティブ・ファンドは運用担当者が退職したり、運用の考え方や手法が変わったりすることがあるので、ファンドのモニタリングを継続して行う必要があります。そういう手間と知識が必要なので、中村さんにはアクティブ・ファンドはおすすめしません。年率7％程度、10年で2倍近いリターンが得られる国際分散型インデックス・ファンドで十分だと思いませんか？

――もちろん、10年で2倍なら大歓迎です。アクティブ・ファンドも面白そうですが、私はインデックス・ファンドを検討したいと思います。

ハズレのアクティブをつかまされるくらいだったら、堅実なインデックス・ファンドを選んだほうがいいでしょう。それから、10年で2倍というのはあくまでも過去の結果ですからね。将来を保証するものではありませんよ。世界経済は今後も長期的には成長を続けると私自身は考えていますので、高い確率で今後もそれに近いリターンが得られるとは思ってはいますがね。

堅実な投資法といっても、元本割れのリスクがあるのでは……

——私のような経済センスが皆無で、貯金もない人間には、「長期・分散・積立」投資という戦略が向いていることはなんとなくわかりました。「なんとなく」というのは、3つの資産運用の中で自分が無理そうな運用を消去法で消していった結果です。そういうわけで、実はまだ損するかもしれない、という不安があったりします。

リーマンショックのような最悪の事態が、また起きやしないかという不安ですね？

——はい。いくらリスクが小さいとはいえ、投資は投資ですよね。ということは、少なからず損する可能性があるってことじゃないですか。私、自分のお金がマイナスになるのがすごくいやなんです。リーマンショックのような事態が再び起きないとも限りませんよね。

たしかに、外国株式インデックス・ファンドを使って「長期・分散・積立」投資をしても、損が出ることはあります。図表1－5をご覧ください。A→Dの10年がまさにその時期にあたります。

――本当だ。下がってますね。外国株式インデックス・ファンドの長期投資でも無敵じゃないんですね。報われないこともあるんですよね～

D点はリーマンショックの底値にあたりますが、A点はITバブルの頂点近いところです。期間はちょうど10年になりますが、この期間はA点での一括投資はもとより、A点から毎月コツコツと積立投資をしてもマイナスになってしまったんです。外国株式インデックスで10年投資して、〝戦後を通じてこの期間だけ〟ではありますが、一括・積立ともにマイナスになっています。

――えー、ますます不安になってきました～。10年間で、どのくらいの損が出たんですか?

ITバブルの頂点（A）で一括投資をしていると、ITバブル崩壊の最悪時（B）におよそ33％のマイナス、そして、2005年6月（C）に元本《がんぽん》を回復するも、リーマンショックの暴落で2009年1月（D）には再びマイナス35％、そして完全に元本回復を遂げたのは2012年8月（E）のことでした。

（図表1-5）ITバブルの頂点で100万円を一括投資した場合

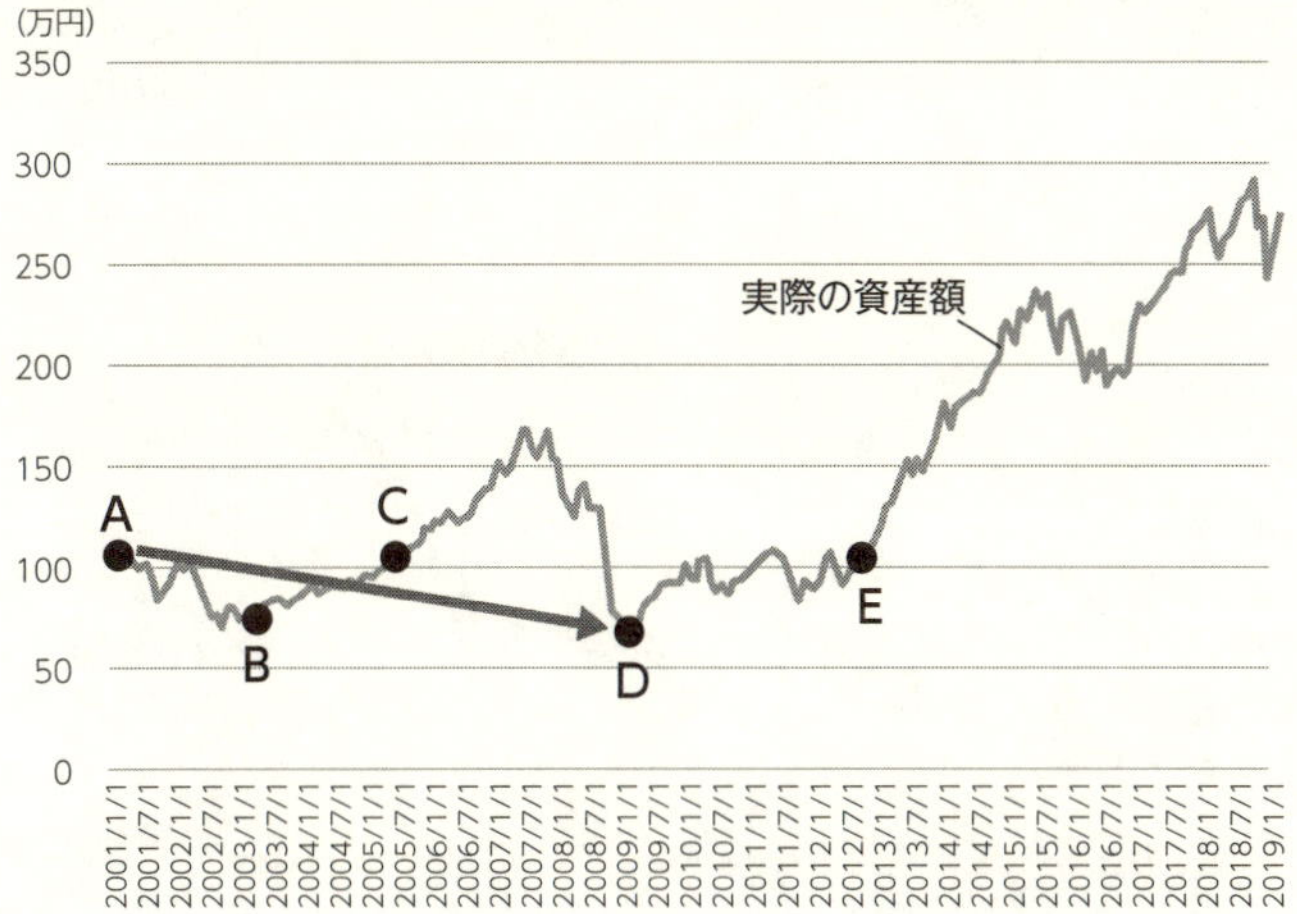

――ということは、たとえば、１００万円のお金をＩＴバブルの頂点近辺で一括投資した場合、一時は35万円を損して、１００万円に戻るのに投資開始から12年を要したということですか？　一時とはいえ35万円も損して、元本が戻るのに12年というのは精神的にかなり凹《へこ》んでしまいそうです。

はい、そうかもしれませんね。これが一括投資の怖いところです。いくら長期では儲かっていると言われても、Ａ→Ｂのわずか２年で、投資金額を33％失ってしまうのは、中村さんに限らず普通の人は耐えられないかもしれません。

――それでは、積立投資でやっていたらどんな感じだったのでしょうか？

はい、説明いたしましょう。今度は図表１

（図表1-6）ITバブルの頂点から月1万円を積立投資した場合

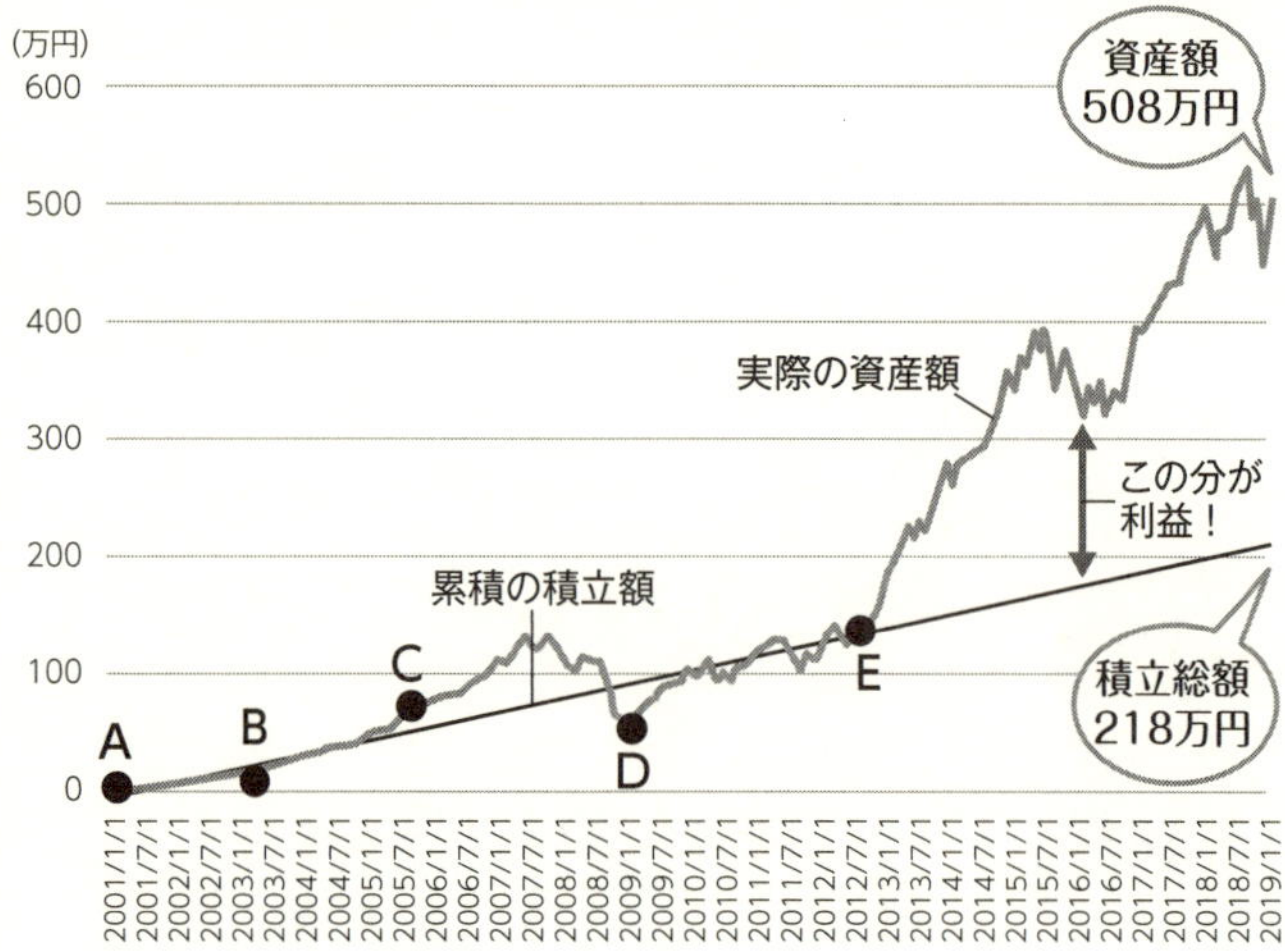

－6をご覧ください。

——このチャートはどう見ればいいんですか？

直線が累積の積立額で、折れ線がその積立総額が実際にはいくらになっているかの資産額を表しています。

——つまり折れ線が直線より上にあれば利益が出ている、下にあれば損している、ということですね？

そういうことです。

——そうすると……同じくITバブルの頂点、A地点で積立投資を始めて、リーマンショック（D）で投資をやめてしまった人は、損してしまった……ということで合っていますか？

そうです。しかし、積立投資で資産運用をしていた場合、B点に注目してください。

(図表 1-7) 同期間での一括投資と積立投資の損益比較

		一括投資の場合		積立投資の場合	
		収益率	損益額	収益率	損益額
A	2001 年 1 月	0%	0 円	0%	0 円
B	2002 年 9 月	-33.0%	-71.9 万円	-25.5%	-5.3 万円
C	2005 年 6 月	0.0%	0 円	18.8%	10.1 万円
D	2009 年 1 月	-35.5%	-76.3 万円	-34.5%	-33.5 万円
E	2012 年 8 月	0.0%	0 円	3.4%	4.8 万円
直近	2019 年 2 月	2.7 倍	290 万円	2.3 倍	289.8 万円
		218 万円の一括投資		毎月 1 万円× 218 か月	

損失額がそれほど大きくなさそうですね。一括投資ですと、この時点で33％の大損でしたからね（図表1－5参照）。

リーマンショックで下がったD点はそれなりの損失額になっていますが、その後下がっても慌てずに続けていれば、その3年後の2012年2月末（E）にはプラスに転じ、その翌年には33％の利益、さらにその翌年には77％の利益、そしてC点から10年後の2019年2月に至っては、積立総額に対して2・3倍と大きく利益を生み出しています。その損失とその後の回復の様子を、図表1－7において金額ベースで表示しています。

――この表は、ITバブルの頂点から現在に至るまで、毎月1万円の積立投資を218か月続けた場合と、218万円を最初にバーンと入れてしまった場合の比較ということですね。

はい。ITバブルの頂上（A）からの10年だと報われていませんが、もうちょっとだけ辛抱したら、リーマンショックの大底から3年経過で元本回復、さらにもう7年辛抱すると218万円が500万円になったということです。

――10年＋3年＋7年＝20年……ですか。

そう、だから「年金運用」なんですよ。年金運用って、毎日いくら儲かっているかなんて気にしませんよね。積立投資については、後ほど詳細を説明しますけど、短期的な下落はどうでもよくて、長期的に上昇しさえすれば利益が生まれる仕組みになっています。今のところはそれだけの理解で結構ですので、かまわず先に進みましょう。言っておきますが、このAからDの10年は、本当に100年に一度あるかないかのきわめて稀な状況だったのです。

戦後最大の大暴落リーマンショックでも傷が浅くてすんだ理由

――ちょっと待ってください。だったら、100年に一度の大暴落と言われるリーマンショックの直前で投資を始めた人は、もっと悲惨な結果になっていたのではないでしょうか？

やはり、そう思いますか。それが図表1-8です。

（図表1-8）リーマンショック直前から月1万円積立投資をした場合

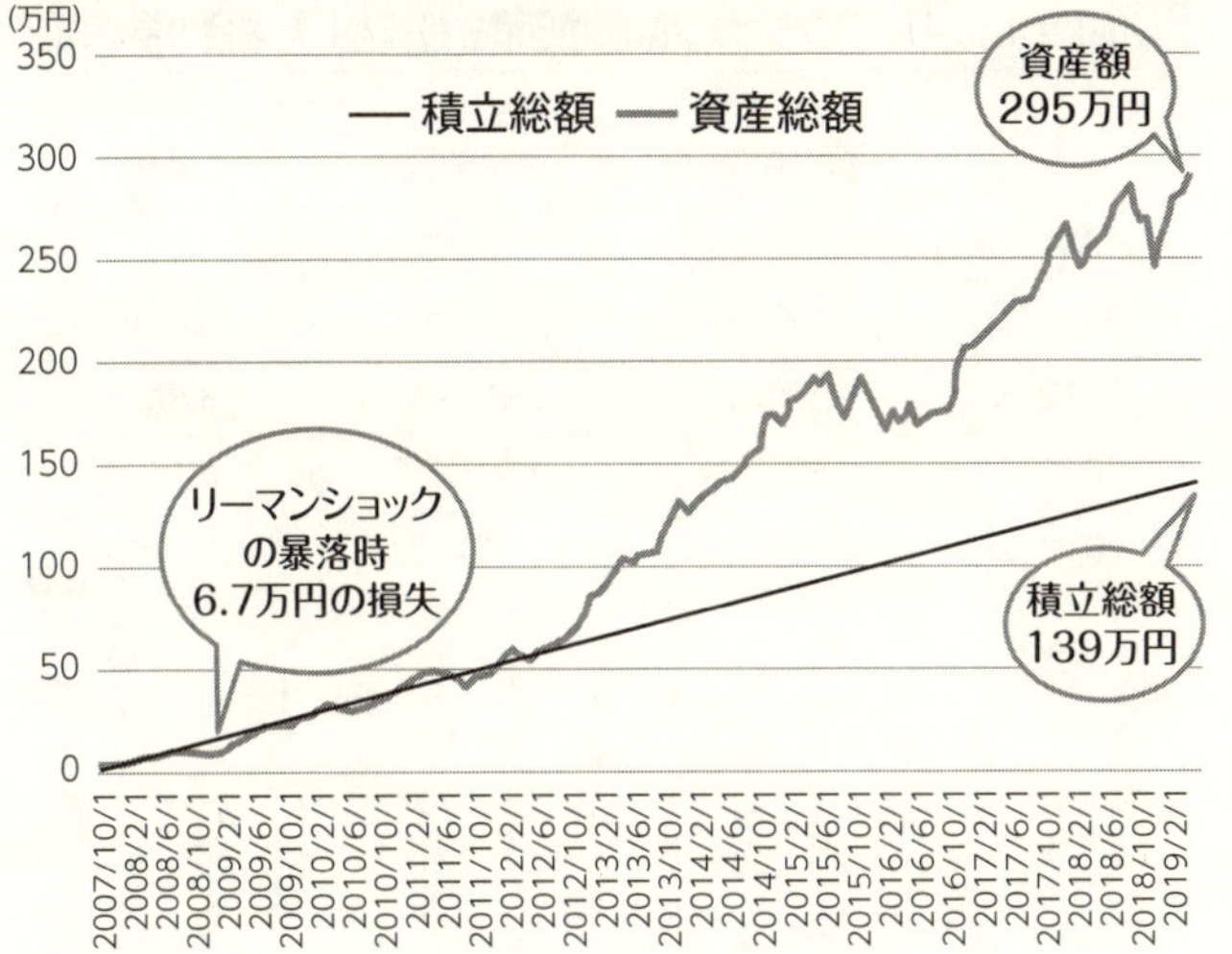

――あれ、上地さん、このグラフ間違っていませんか？　リーマンショックの暴落での損失額が小さすぎます！

間違いではありません。リーマンショック直前の２００７年10月から、その１年半年後の２００９年２月までの間に、一括投資だと61・４％の大損失を被っていますが、積立投資だと39・８％のマイナス、投資金額で見ると、わずか約６万７０００円の損失にとどまっています（積立総額は17か月で17万円）。

――39・８％のマイナスと下落率で見ると小さくない率ですが、金額で見ると、まあなんとか私でも耐えられそうな損失に思える……かな？

詳しくは後ほど（２章）お話ししますが、積立投資は一括投資と違って、自分の資産を

(図表 1-9) リーマンショック直前から積立投資をした場合の損益額

	積立金(累積)	資産評価額	損益額
2007/10/31	10,000	10,000	0
2009/2/27	170,000	102,304	-67,696
2012/6/29	570,000	578,978	8,978
2015/5/29	920,000	1,931,356	1,011,356
2019/4/30	1,390,000	2,953,122	1,563,122

単位:円

少しずつ投資に回していくので、大きな暴落に見舞われても額で見る限りは大きな損失額になりません。

一応参考のために、リーマンショックの直前から毎月1万円の積立投資をした人の損益を計算した表を掲載しておきます(図表1-9)。戦後最大の大暴落、100年に一度の大暴落に見舞われた時の投資成果をじっくりご覧になってください。これから資産運用を始められる際に、次の暴落が来た時に備えて、イメージトレーニングをするつもりで眺めてみてほしいです。下がった時にやめないで続けることの重要性を理解していただけると嬉しいです。

——なるほど。ちなみに、リーマンショック直前から投資していた人が、今日まで積立投資を続けていたとしたら、資産はどう変化しているんですか?

2019年4月末の時点ですが、積立総額が139万円、資産額は295万円になっています。リーマンショックの直前に投資を始めた運の悪さにもかかわらず、2倍以上ですね。ただし、手数料と税金を入れないで計算していますので、若干は割り引いてください。

——だとしても、積立投資でも単純計算で2倍になってるんですよね？　リーマンショックを経たのに10年で2倍、すごい！　もう、わかりました。私、さっそく投資を始めます！

いいや、そんなに急がなくてもいいですよ。あらゆる角度で検討して、心底腹に落ちてからでも遅くはありません。せっかくの機会ですから、もう少し勉強してみませんか？　ここでも念のための確認ですが、たまたまリーマンショックから10年程度の積立投資で資産が2倍に増えていますが、それ以外の期間で計算すると、外国株式インデックス・ファンドのような国際分散型インデックス・ファンドによる「積立投資」の場合、投資金額に対して平均的に10年で1・4〜1・6倍くらいの増え方になります。一括投資のように平均的に2倍にはなりません。

——えっ、そうなんですか？

積立投資は、一括投資と違って、最初の1か月目のお金はフルに10年運用されますが、最後の1か月のお金は運用される期間がわずかに1か月だけですよね。

——あ、そうか。当たり前と言えば当たり前でしたね。納得です。

投資って元手がないとたいして儲からないのでは？

――外国株式インデックス・ファンドって1000円からでも買えるんですよね。まずは様子見《み》で月に1000円の積み立てでもいいんですか？

いいと思いますよ。毎月自分が出せるだけの金額を積み立てていくのが、初心者には安心です。1000円だと、最初のうちは利益もほとんど出ませんが、同時に損失した場合の損失額も小さく、値動きに一喜一憂しない預金に近い感覚で運用が始められます。

――そうなんですね。

最初は1000円でも1万円でもいいんです。自分のできる無理のない金額から始めてください。継続していくうちに、自分の資産額の増減や投資信託の値動きのイメージがつかめてくるようになります。

――1000円でもいいなら、始めやすいですね。

そうそう。まずは始めることです。そして、どこかのタイミングで一度暴落を経験してほしいなと思います。

——ええ！　いやですよ!!　暴落なんてできれば避けて通りたいです。

いやいや。この「長期・分散・積立」投資が最も効果を発揮するのは、暴落を乗り越えてその後に上昇する時が最大の醍醐味なんですよ。

——暴落が「長期・分散・積立」投資の醍醐味って、どういうことですか？

さっきリーマンショック直前に外国株式インデックス・ファンドの積立投資を始めたケースでも紹介しましたが、実際に暴落に直面して評価損が膨《ふく》らみ、それが市場の回復とともに評価損が消え、やがては評価益に変わって面白いように膨らんでいく、そんな経験をレクチャーの中ではなく、実際に体験してほしいと思うんです。先ほどのリーマンショックからの10年間のイメージです。

——そんな状況、そこそこの熟練者じゃないと面白いと思えないですよ！　どんなかたちにせよ、損は損、絶対にいやです。

暴落とその後の回復を実際に体験すれば、市場の下落に一喜一憂しなくなるんですけどねぇ……。年率平均7％台で10年運用すると、投資金額は当初の2倍程度に増えるんですが、先ほども説明したように積立投資だと1・4～1・6倍程度の増え方です。では、なぜリーマンショックからの10年で積立投資が2倍になったかというと、１００年に一度の大暴落があったからなんです。積立投資は暴落の直前に始めるのが一番効果が大きいんです。このことは後で詳しく説明しますが、まだちょっと早かったかもしれませんね。現時点では、心の片隅にでも留めておいてください。

コツコツ貯金するのは、なぜ〝もったいない〟のか

――長期の分散積立投資なら、銀行預金よりもはるかに高いリターンが得られることは理解しました。でも、平均利回り7%というのは、あくまで過去のデータの話ですよね。この先も、同じようにいくとは限らないんじゃないですか?

そうですね。世界経済が今後も成長を続ける限り、高い可能性で同じような結果になるとは思うのですが、たしかに絶対とは言い切れません。経済とはさまざまな思惑を持つ人間が織《お》りなす複雑で予測不可能な世界、自然科学のように普遍的な自然法則を見いだすのは難しい世界ですからね。

――だとしたら、銀行に預けて、地道に貯めていったほうがリスクも少ないですよね。それなら、運用しないという選択肢もあり得ると思うんです。わざわざ、リスクを冒してまで投資をする意味って

あるのでしょうか?

中村さん、今、日本の銀行の金利がとても低いのはご存知ですよね。

――もちろん、知っています。よく言われていますよね。

現在、メガバンクやゆうちょ銀行では定期預金でも0・01%しかありません。一方、国際分散投資の外国株式インデックスは、短期的には上がり下がりはあるけど、年率平均7%を超えています。あくまでも過去の結果ですが、10年で資産が2倍程度になるペースで増えてきました。あと（2章）で触れますが、世界の年金基金も外国株式インデックスに近いものを50%程度組み入れて長期運用をしていますが、やはり彼らは年率平均で7%前後の収益率を獲得しています。

――たしかに、利率は高いかもしれないですけど、リスクを加味したら、やっぱり定期預金のほうがいいってことになりませんかね?

では、図表1-10を見てください。利率の差によってお金の増え方の違いがどれだけ大きいものかわかりますよ。

毎月1万円を預金で積み立てたら、10年で積立総額120万円ですね。定期預金の場合、金利は0・01%なので、10年で120万595円にしかなりません。

（図表1-10）利率の違いでお金の増え方が大きく変わる

※月１万円を積み立てた場合

運用期間	投資額	0.01%	3.0%	7.0%
5年	600,000	600,148	646,467	715,929
10年	1,200,000	1,200,595	1,397,414	1,730,848
15年	1,800,000	1,801,343	2,269,727	3,169,623
20年	2,400,000	2,402,392	3,283,020	5,209,267
25年	3,000,000	3,003,741	4,460,078	8,100,717
30年	3,600,000	3,605,390	5,827,369	12,199,710

単位：円

――10年預けて、595円ですか！　リアルな数字を見ると、少ないな～って思っちゃいますね。

ランチ1回分も厳しいくらいの利息です。コンビニで6回お金をおろしたら手数料で赤字ですね。

一方、外国株式インデックス投資は平均利率が7・6％。キリよく7％で計算しても、10年で173万848円と、53万848円のプラスです。

――53万848円!?　そんなに差が出るんですね！

20年、30年と長期になれば、その差はもっと大きくなりますよ。毎月1万円を銀行の定期預金の0・01％で20年積み立てたら、積立総額240万円が240万2392円なのに対して、仮に平均利率7％なら約520万円です。30年なら、積立総額360万円に対して、定期預金なら約360万5390円、7％なら約1220万円になる計算です。

――これを見ると、銀行に預金するのがバカらしくなりますね。

そうなんです。率直に言って、10年以上使わないお金を預金に回すというのは、日本以外の資本主義国に住む人ではあり得ない発想なんです。日本という国は、上場企業にお勤めの人でも、投資にアレルギーを持っている人を多く見かけます。冒頭でお話しした「投機」と「短期投資」の印象から抜けられない人がほとんどなんです。

私は資産運用には「年金作りの資産運用」があるということを多くの方に知ってほしいんです。中村さんのように30歳の方が65歳までに2000万円作る運用、65歳の人が退職金の1000万円を取り崩し運用という方法で資産寿命を延ばす運用など、年金のための運用という世界があること。それは「投機」や「短期投資」のようなバクチではなく、世界経済の長期成長を家計資産に取り込む仕組みを作るようなものなのです。

――「資産寿命を延ばす運用」という言葉に惹《ひ》かれました。取り崩し運用って何ですか？

それは後でお話しいたしますが、中村さんのご両親におすすめしたい運用方法です。

――わかりました。後ほどよろしくお願いします。

1章のポイント

□ギャンブル的な「投機」、相場を当てにいく「短期投資」、堅実に積み立てる「年金作りの資産運用」を一括りに「投資」と考えてはいけない。

□老後の資金を作る目的なら、「長期・分散・積立」投資が最適。

□まずは「外国株式インデックス・ファンド」を資産運用のメインに考える。

□積立投資なら、リーマンショック級の大暴落が来てもそれほど心配いらない。

□10年以上使う予定のないお金を貯金に回すことほどもったいないことはない。

2章

知識ゼロの私でも、ちゃんと投資で儲けられるもの？

――余計な経済知識・中途半端な投資経験がかえって邪魔な理由

経済に詳しい人じゃないと、損するのでは？

――上地さんのお話を聞いて、投資に対するイメージが、少しずつ変わってきました。ギャンブルのような危ない投資もあるけれど、分散積立投資のように、リスクが低い投資もあるんですよね。

そのとおりです。繰り返しになりますが、投資って、全部が全部、危ないというわけではないんですよ。市場のトレンドに賭けをしてハラハラドキドキの投資もあれば、長期でコツコツ資産を増やしていくスロー投資もあるんです。このことはよく覚えておいてくださいね。

ところで中村さん、資産運用業界のプロと言われる方々の市場予測・経済予測の正答率はどのくらいだと思いますか？

――う～ん。金融機関の営業のベテラン級の人で60～70%、テレビや新聞に登場するような専門家だと80%くらいでしょうか。

なるほど～。実は、彼らの市場予測能力は中村さんとほとんど同じくらいなんだと言ったら驚くかな？

（図表 2-1）「長期・分散・積立」投資の効果

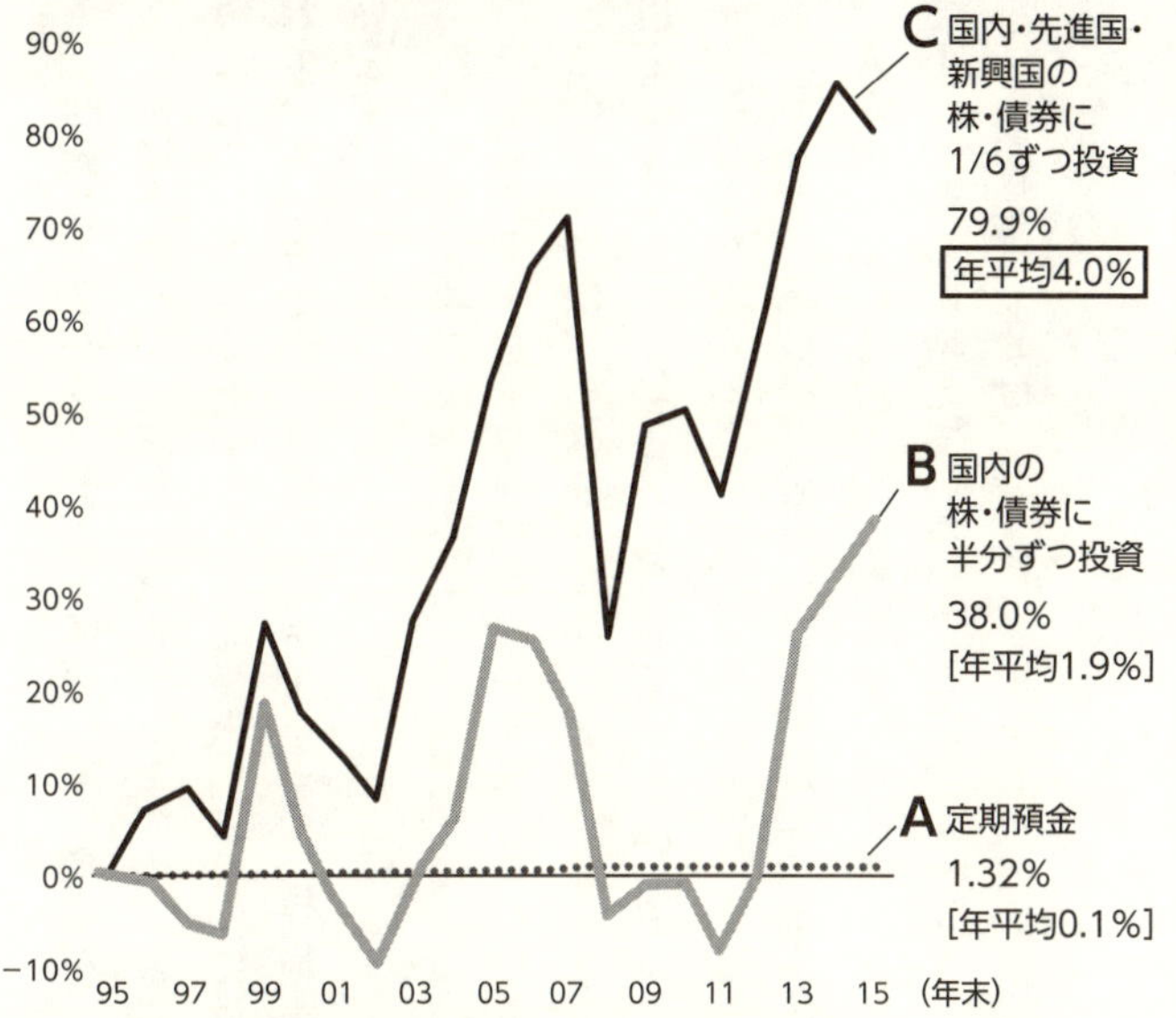

（注）各計数は、毎年同額を投資した場合の各年末時点での累積リターン。
株式は、各国の代表的な株価指数を基に、市場規模等に応じ各国のウェイトをかけたもの。
債券は、各国の国債を基に、市場規模等に応じ各国のウェイトをかけたもの。

（出所）金融庁HP

——えっ!? だって、私、経済のこと何も知らないんですよ。プロと同じなわけないじゃないですか。

いやいや、それが本当なんです。もちろん、株式市場やドル円レートが動いた理由を後付けで説明する能力は中村さんとは比べものになりませんよ。ただ、将来の予測確率については、中村さんとそんなに変わりません。

プロの予想がどれだけ当てにならないのか。事実をもとに説明しましょう。図表2-

1と図表2－2がワンセットになっていますが、まずは図表2－1をご覧ください。

これは金融庁が発表した調査データです。この調査結果は当時業界では大変な話題となりました。なぜかというと、金融機関にとっては世間に知られたくない事実が明らかにされているからです。私はこのデータを、「投信販売の不都合な真実」のレポートと呼んでいます。

――一体、何が不都合なんですか？

では、データが示す内容について説明していきますね。

このグラフは、1995年から2015年までの20年間で、A、B、Cの3ケースの運用をした結果、それぞれお金がどのくらい増えていたかを示しています。さて、3つの中で、一番利益が少なかったのは、どれでしょうか？

――Aですね。線は横ばいで、20年間でほとんど増えていません。

Aが示しているのが、定期預金です。100万円が20年で101万3200円、20年間で1・32％しか増えていないことがわかります。年率平均に直すと0・1％です。

――定期預金にあずけても、ほとんどお金は増えないということですね。逆に、Cはすごく資産が増えていますね。

Cは20年で8割ほど増えています。これこそが、インデックス・ファンドを利用した「長期・分散・積立」投資なんです。

——長期の分散積立投資なら、20年間で8割も資産を増やすことができたということですか。定期預金とえらい違いですね。

さらに付け加えると、このグラフCで運用したインデックス・ファンドは、どの金融機関でも販売しており、誰でも買うことができる商品です。ざっくり言えば、6種類のインデックス・ファンドを均等に分散して、プロのアドバイスもなく、毎年1回5000円をコツコツ積み立てただけで、100万円の投資金額が20年間で180万円に増えていた。ただ、それだけの事実なんです。

一般的には月1回の買い付けがおすすめですが、この事例では年1回で調査されています。

——すごい差が出てますね。

でも、実際そうなんです。たったこれだけのシンプルなことで、資産を増やすことができたというわけなんです。

——なるほど。ということは、「不都合な真実」というのは、定期預金だと実は全然資産は増えないということですね！

いいえ。定期預金の金利は明らかなので、資産が増えないことはすでに周知の事実です。不都合な真実でもなんでもありませんよ。

——あ、そうなんですね……

「猫だまし」商品にだまされてはいけない

不都合な真実というのは、金融機関のプロたちのアドバイスを受けて運用を行った多くの人たちが、お金を増やせなかったということです。図表2－2を見てください。

——図表のタイトルですが、『規模の大きい投資信託の日米比較（純資産額上位5銘柄）』って、どういう意味ですか？

これは、売れ筋人気ベスト5のファンドについて、日本とアメリカで比較したものです。この調査の意図を説明する前に、知っておいていただきたいことがあります。

——はい、なんでしょうか？

それは、日米両国の人気上位（図表2－3ではベスト10まで調べています）に登場する

（図表 2-2）規模の大きい投資信託の日米比較（純資産額上位5銘柄）

	規模（純資産）の平均（兆円）	販売手数料	信託報酬（年率）	収益率（年率）
		平均（税抜き）		過去10年平均
日本	1.1	3.20%	1.53%	▲0.11%
米国	22.6	0.59%	0.28%	5.20%

（注1）16年3月末基準。ETF、確定拠出年金専用、機関投資家専用は除く。
米国投資純資産額は1ドル＝112.43円にて換算。
（注2）日本の販売手数料は上限。米国投信でシェアクラスによって
手数料が異なる場合は、各クラスの残高を基に加重平均。
（注3）米国の信託報酬は、代表的なシェアクラスのもの。
（注4）収益率は、販売手数料を加味し、分配金を再投資しないベースで算出。
（資料）QUICK（日本）、運用会社公表資料（米国）より、金融庁作成

（出所）金融庁HP

顔ぶれを比較すると、アメリカでは常に、「米国株式ファンド」「世界株式ファンド」「世界債券ファンド」など、投資の中ではオーソドックスな商品群が、上位に並んでいます。しかも、インデックス・ファンドが上位5本を占めています。

ところが日本の場合は、そうしたオーソドックスな商品は一つもなく、米国リートなど毎月の分配金を重視した品揃えになっているのが大きな特徴です。私が「老後の年金を作る」のに適していると推奨した外国（世界）株式はほとんど含まれていませんね。

――アメリカはオーソドックスな商品が人気だけど、日本では特徴がある商品が人気というべきなのでしょうか？

そうですね。では、日本の場合ですが、図表2－3の「運用資産」という項目を見て何かの特徴に気

がつくことはありませんか？

――「米国リート」が目立ちますが……リートって何ですか？

リートは不動産投資信託のことです。簡単に言うと、投資信託の投資先がこれまで見てきたような株式ではなく、オフィスビルなどの不動産になります。賃料収入や不動産の値上がり益が投資家に分配される投資信託です。

――アメリカの不動産が今の売れ筋ということですね。

はい、2018年の半ば頃まではアメリカの株式市場が絶好調でしたが、トランプ大統領が中国との貿易政策で強硬姿勢をとっているせいで、株式市場は2018年10月以降、不安定な動きを繰り返しています。そんな中で不動産は米中貿易戦争の影響を受けにくいということや米国金利の低下見通しで人気になっているのです。このように推奨商品が短期的な市場予測に基づいて決まるから、マーケットの人気が移るのに合わせて、売れ筋の商品がひんぱんに変わっていくことになります。

――私もそうですけど、日本人はブームに流されやすいですよね。それから、ファンド名のところで「毎月分配」というのが目立ちますが、これは何ですか？

やはり気がつかれましたね。実は、これが日本の投資信託を特徴づける最大のポイント

（図表 2-3）投資信託残高ランキング日米比較（2019年6月末）

米国の投信残高ベスト 10

	ファンド名	運用会社	運用資産	純資産残高（兆円）
1	バンガード・トータル・ストック・マーケット・インデックス・ファンド	バンガード	世界株式インデックス	88
2	バンガード 500 インデックス・ファンド	バンガード	米国株式インデックス	52
3	バンガード・トータル・インターナショナル・ストック・インデックス・ファンド	バンガード	世界株式インデックス	41
4	バンガード・トータル・ボンド・マーケット・インデックス・ファンド	バンガード	世界債券インデックス	25
5	バンガード・インスティテューショナル・インデックス・ファンド	バンガード	米国株式インデックス	25
6	フィデリティ 500 インデックス・ファンド	フィデリティ	米国株式インデックス	21
7	ザ・グロース・ファンド・オブ・アメリカ	キャピタル・グループ	米国株式アクティブ	21
8	バンガード・トータル・ボンド・マーケットⅡ・インデックス・ファンド	バンガード	世界債券インデックス	20
9	ユーロパシフィック・グロース・ファンド	キャピタル・グループ	欧州・環太平洋株式アクティブ	17
10	アメリカン・バランス・ファンド	キャピタル・グループ	米国株式・債券アクティブ	16

（出所）モーニングスター、キャピタル社作成

日本の投信残高ベスト 10

	ファンド名	運用会社	運用資産	純資産残高（兆円）
1	ピクテ・グローバル・インカム株式（毎月分配）	ピクテ	世界株式アクティブ	0.79
2	フィデリティ・US リート（毎月分配）	フィデリティ	米国リート	0.65
3	東京海上・円資産バランス（毎月分配）	東京海上アセット	日本債券、リート等バランス	0.64
4	フィデリティ・US ハイ・イールド（毎月分配）	フィデリティ	米国ハイイールド債券	0.61
5	新光 US リートオープン（毎月分配）	アセット・マネジメント One	米国リート	0.58
6	ひふみプラス	ひふみ投信	日本株（一部に米国株含む）	0.58
7	ダイワ・US リート（毎月分配）	大和投資信託	米国リート	0.57
8	ダイワファンドラップ日本債券セレクト	大和投資信託	日本債券	0.52
9	ラサール・グローバル・リート（毎月分配）	日興アセットマネジメント	世界リート	0.47
10	グローバル・ソブリン・オープン（毎月分配）	三菱 UFJ 国際投信	世界債券	0.42

（出所）モーニングスター、筆者作成

です。ここはかなりツッコミどころ満載なので語りたいことが尽きないのですが、あまり深入りすると論点がズレてしまいます。簡単に言いましょう。「毎月分配型」は、金融機関側がお金を持っているシニア層に投資信託を買ってもらうための一つの工夫です。いや、私は「猫だまし」と言っています。

――猫だまし、ですか？

毎月分配型とは、毎月お小遣いのように「分配金」がもらえるタイプの投資信託のことです。預金よりも高い利息収入が得られると喜ばれていますが、問題はそれが投資による利益とは限らないこと。必ずしも毎月利益が出るとは限らないので、時には利益でなく自分の資産が取り崩されて「分配金」に回っていることも少なくないのです。

――毎月お小遣いがもらえて得したような気分になるけど、実は自分の資産から取り崩していることもある……みたいな感じですよね。

そうですね。この数年は金融庁の指導もあって、消費者の間でも分配金に対する認識もかなり改まり、過度の分配金引き上げ競争は収まっていたはずですが、今この表を見て自分でも驚いた次第です。未だに売れ筋ベスト10のうち8本が毎月分配型とは……。先祖返りしてたんですね……。私は決してすすめません。

日本の金融機関のプロたちが知られたくない「不都合な真実」

中村さん、ごめんなさい。話を戻しましょう。何の話をしてましたっけ？

——日本の投資信託の売れ筋についてですね。

そうでしたね。そして、重要なのはここから。売れ筋ベスト5の商品とは、言葉を換えれば「金融機関が最も販売した商品ベスト5」ということですよね。

つまり、図表2－2の調査が示すのは、金融のプロが考えておすすめした商品が、本当に顧客の資産を増やすことに繋がったのかということを調べるための調査だったんです。

——それで、結果はどうだったんですか？

図表2－2の日米比較の表に戻りましょう。「収益率」の項目を比較していただくと、米国の「5・20％」に対して日本が「マイナス0・11％」ですよね。

——マイナスってことは、日本は損しているってことですよね。もう少し詳しく説明していただけますか？

「過去10年平均でマイナス0・11％」とあるのは、たとえば、1995年に上位ベスト5

の投資信託を購入、そして翌年にまたその年のベスト5に乗り換え、そしてさらにまた次の年も……と10年間繰り返した場合、いくら儲かったか、損したかを計算しました。これが、「10年間の収益率」ですね。

次に、1996年から10年間同じ調査を行って「10年間の収益率」を計算します。その次は、1997年からの10年間……。そして、それらの平均値を出した結果が、「過去10年平均でマイナス0・11%」だったわけです。

——……と、言いますと?

つまり、毎年人気の売れ筋商品を追いかけて、その都度乗り換えていった結果、10年後の顧客の資産は、平均的に目減りしていたという意味です。

図表2－1との関連で言うならば、過去20年、プロのアドバイスを受けなくても、自分のお金を80%も増やすことに成功しているにもかかわらず、プロの言う通りに売買していたら平均的にお金が減っていたということ。これはもうアウトですよね。

——金融のプロがおすすめした商品、それに売り買いのタイミングのアドバイスが、実は全然いい結果を生まないということですよね。そればかりか、何も聞かずにオーソドックスな商品を買い、何も考えずに年1回、機械的に購入を続けたほうがお金が増えていたということですか?　プロに聞く意味がないじゃないですか！

ちなみに、日本は、米国に比べて手数料が非常に高いという特徴もあります。顧客に利益を提供できていないにもかかわらず、手数料だけは高いんですよね。

――それも驚きです。一般の人は知らない事実ですよね。

そうなんです。とまぁ、いろいろと説明しましたが、話を戻すと、これくらいプロの予測は当たらないということです。おわかりいただけたでしょうか？

――よくわかりました。

中村さん、そもそも投資の目的って何でしょう。「楽しむ」ことですか？

――いや、お金を増やすことですね。

そうですよね。だとすると、相場予測で売買を繰り返す投資はどうでしょう。そんな不確実なゲームに参加して勝ち続けるなんてほとんど不可能です。一時的に勝つことはあったとしても、ゲームに参加し続けている限り、いつかは高い確率で負けてしまいます。

――おっしゃる通りだと思います。「投機」と「短期投資」には絶対に手を出さないと、今、心に決めました。

長期間かけてお金を増やしていく分散積立投資は、経済の詳しい知識は不要です。中村さんのような、経済の知識をほとんど持っていないような人は、この方法で着実にお金を増やしていったほうが無難です。「長期・分散・積立」投資は、短期投資で味わえるような躍動感や面白さはありませんが、どちらが確実にお金が増えるかと言えば、私は自信を持って「長期・分散・積立」投資をおすすめします。中村さんの目的は「楽しむ」ことではなく、65歳までに2000万円を作ることでしたよね。

——そうです。特別な勉強は必ずしも必要ではない「長期・分散・積立」投資で行きたいと思います!

世界のプロ投資家は市場予測をしないことで資産を増やしている

今ふと思い出したんですが、以前に中村さんは「(誰でも資産を2倍以上にすることができる)そんなうまい話があるんだったら、もうとっくにみんな始めているはず」と言っていましたよね。

——はい、たしかに言ったような気がします。

「長期・分散・積立」投資を実践している人は、日本人の間ではまだまだ少数派ですけれど、世界ではとっくに始めている人たちがたくさんいます。それでは、こうした運用をしている長期の投資家たちをご紹介していきましょう。

まずは、世界それぞれの国々で国民の年金を運用しているプロの機関投資家（年金基金）たちです。世界の年金基金は、経済や市場の予測をせずに、長期国際分散投資を行っているのをご存知でしょうか？

——それは、相場予測をしても外れる可能性が高いからですか？

もちろん、そうした理由もありますが、それ以上に、相場予測をする必要がないと言ったほうう正しいです。

——相場予測をする必要がない……。ふむ。

「長期・分散・積立」投資は、市場の予想も経済知識も必要ないとお話ししましたよね。実は、資産運用のプロである世界中の公的年金の運用機関で採用されている投資手法なんです。

——上地さんが一般の人向けだという投資手法が、世界の公的年金で採用されている投資手法なんですか？

はい、そうです。公的年金だけでなく、欧米の大学の基金や、ノーベル賞の賞金を捻出するノーベル財団も、同じように「長期・分散・積立」投資で運用しているんですよ。

——日本の公的年金も、そうなんですか？

もちろんです。世界の年金基金が市場予測を行わない理由は、予測は当たらないからという理由のほかに、彼らの目的（ゴール）が長期で資金を増やすことだからです。年金ですからね。1年後、2年後ではなく、10年後、20年後の資産最大化を目標に設定しているわけです。

1年で何が何でも資金を増やしたいなら、予測という「賭け」が必要ですが、10年後のお金を増やすには「賭け」は不要です。「10年後、おそらく世界経済は今よりも成長しているだろう」くらいの感覚で運用しています。

――ざっくりした感覚ですね。

資産運用は、目的（ゴール）が決まると、それに応じた最適戦略と最適商品が決まります。世界の公的年金ポートフォリオ（＝保有資産の組み合わせ）の事例を紹介しましょう。どの国でも基金の半分以上を株式資産に投資していることがわかります（図表2－4）。

――本当ですね！　あれ、でも日本だけほかの国と少し違う気がします。日本の厚生年金は、日本株と外国株式で50％、日本債券と外国債券で50％とちょうど半々になっていますね。この比率は、上地さん的にはどうなんですか？

大学の成績で評価すると「C」という感じですね。不合格ではないけれど、最低の成績

（図表 2-4）世界の公的年金のポートフォリオ

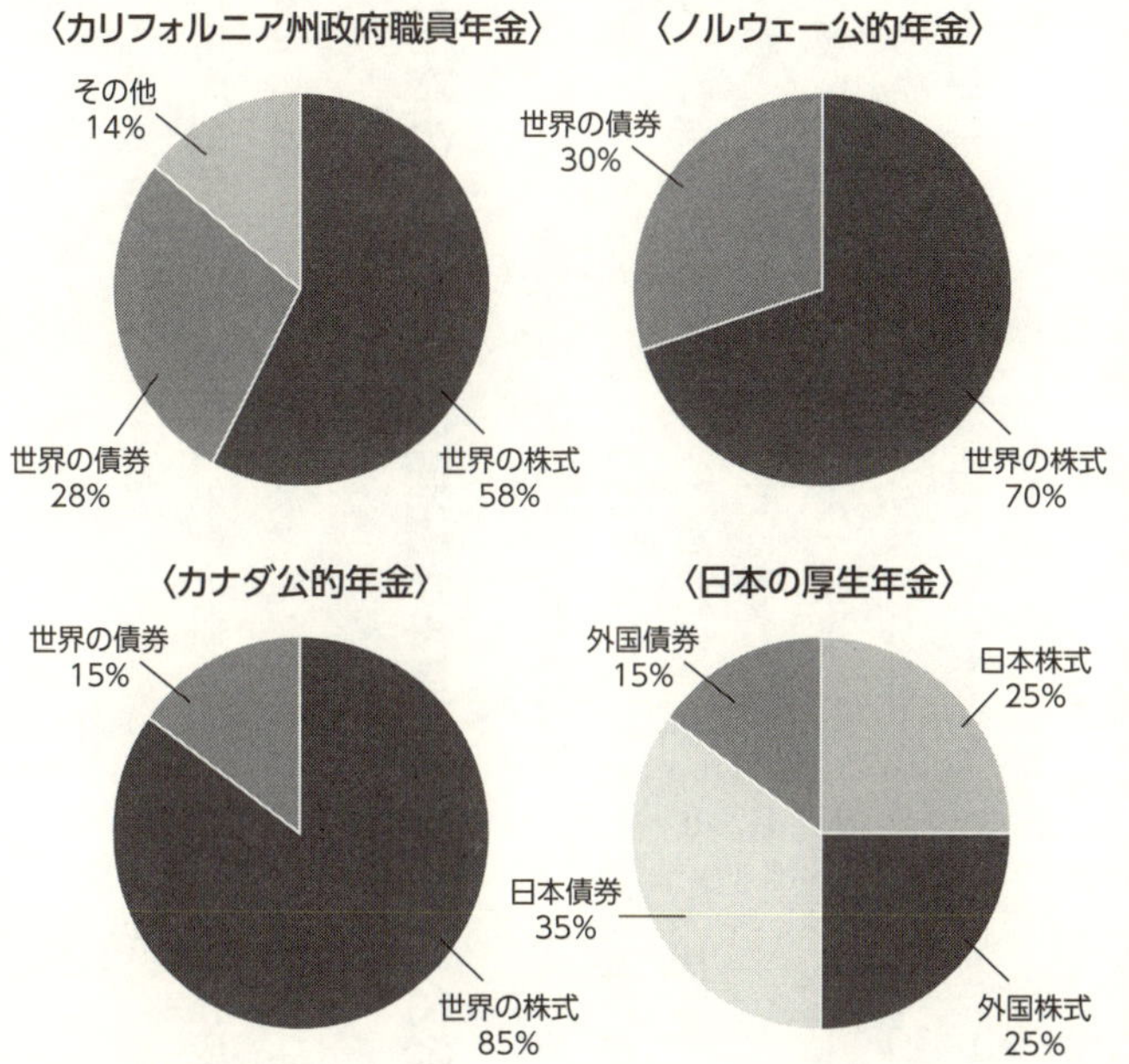

（出所）GPIFのHP、2019年3月末

	2004年度	2005年度	2006年度	2007年度	2008年度	2009年度	2010年度
カリフォルニア州政府職員年金	9.6%	16.3%	13.2%	2.9%	-29.1%	25.2%	13.1%
カナダ公的年金	8.5%	15.5%	12.9%	-0.3%	-18.6%	14.9%	11.9%
ノルウェー公的年金	1.0%	11.5%	5.6%	-11.4%	-9.5%	25.5%	4.9%
日本の厚生年金	3.4%	9.9%	3.7%	-4.6%	-7.6%	7.9%	-0.3%

2011年度	2012年度	2013年度	2014年度	2015年度	2016年度	2017年度	2018年度	**年率平均**
3.7%	10.9%	13.7%	6.1%	-0.2%	10.1%	11.1%	3.4%	**6.61%**
6.6%	10.1%	16.5%	18.7%	3.7%	12.2%	11.6%	8.9%	**8.48%**
2.8%	11.0%	16.6%	34.5%	0.8%	12.7%	3.9%	9.4%	**7.36%**
2.3%	10.2%	8.6%	12.3%	-3.8%	5.9%	6.9%	1.5%	**3.59%**

（出所）GPIFのHPより筆者作成

という位置づけです。

――あらら。結構悪いんですね。けど、どうして成績が「C」評価なんですか？

運用成績ですよ。長期の年率平均リターンが３％程度というのは、世界標準からするとお粗末な成績と言わざるを得ません。世界標準の７％で初めて成績「A」をつけられます。

日本の公的年金の運用が世界標準の半分以下の成績なのは……

――どうして日本の公的年金の運用は世界標準の半分以下の成績なんでしょうか？

図表２－４に示されているように、日本株が25％保有されていますが、世界経済において日本経済が占める割合から見れば、せいぜい「10％」でいいでしょう。日本債券は35％ですが、これは多すぎる。ゼロでもいいくらいです。ほかにも、いろいろとツッコミどころの多いポートフォリオなんですよねぇ。日本株と日本債券を合わせると60％、自国に６割のウェイトを置くのは、リスク分散という意味でどうかな？　という気がします。

――なんで世界標準に近い運用を目指さないのですか？　成功している国の年金運用をマネすればいいと思うんですけど。

彼らの目的が「長期リターンの最大化」とは別のところにあるのではないでしょうか。

――リターンの最大化ではない目的って、どんな目的なんですか？

まあ、大人の事情ってやつでしょうか。組織のトップには、運用の世界で活躍された優秀な方々が経営委員として名を連ねています。私の勝手な推測ではありますが、その人たちの中で今の資産配分がベストだと思っておられる方は少ないのではないかと。

「日本株の25％」は、2012年まで「12％」だった比率を引き上げたのですが、当時は円高デフレ不況で日本株は底値を這《は》う最悪の状況でした。1ドル80円、日経平均株価8000円割れの中で、日本の株式市場を買い支えたいといった政治的な思惑が働いた結果の「25％」です。

それに「日本債券の35％」は、2012年の変更以前からすれば大幅に引き下げられたとはいえ、これでも高すぎるというのが私の意見。個人的にはゼロでもいいくらいに思っていますが、議論が外れてしまうのでこのくらいで止めておきましょう。

――なるほど。そういう事情があるんですね。

はい。それに、日本人の多くは、メディアを中心にいまだに株式投資を危険な運用方法だと思っています。「大切な年金の原資をリスクのある株式で運用するのはけしからん」と、

今なお一部で批判を受けているくらいなので、なかなかポートフォリオを変えることができないんです。

——株式は元本を割る可能性が高い＝危険……ということですね。私も上地さんから話を聞くまでは、そう思っていたな～。ところで、日本以外の国の年金運用はどうなっているんですか？

では、もう一度、図表2－4をご覧ください。カリフォルニア州の地方公務員の年金基金、カナダの公的年金、ノルウェーの公的年金ポートフォリオと運用成果です。いずれも株式の比率は何％になっていますか？

——株式比率が一番低いのがカリフォルニア州政府職員の年金で58％、高いのはカナダの公的年金で85％ですね。

運用成績についてはどうでしょうか？

——3つの中で一番低いのがカリフォルニアで「6・6％」、高いのがカナダで「8・5％」です。

このデータから、何か気づいたことはありませんか？

——えーと、長期の運用成績が最もいいカナダは、株式の比率がほかの国に比べて大きい……ってことですかね。

中村さんの着眼点は素晴らしいですね。その通りです。

――やった、正解ですね！

株式の比率を高くすると、長期的なリターンは高くなるんです。

しかし、一部のメディアは、短期的なリターンの変動性が高まる、つまり短期的には損するリスクが大きくなることばかりを、ネガティブに報道します。長期的なリターンで得られるメリットを報じないんですよ。

――私も上地さんの説明を聞いていなければ、短期的にでもマイナスになったら大騒ぎしていたかもしれません。

補足させていただくと、年金以外の分野でも長期目的で運用する人たちがいます。○○財団、××基金といった団体です。日本の財団や大学基金では、投資は積極的に行われていませんが、欧米の財団・基金の多くでは長期国際分散投資が実践されています。

――へ～、そうなんですね。

なぜ老後資金作りに投資信託が最適なのか

――「長期・分散・積立」投資にはインデックス・ファンド、つまり投資信託で運用すればいいということですが、そもそも投資信託ってどういうものか、基本的なことを教えてもらっていいですか？

そうですね。では、投資信託の仕組みについて説明していきましょう。

投資信託とは、不特定多数の個人投資家から集めたお金を、ファンドマネージャーと呼ばれる投資のプロがまとめて運用し、その収益を投資家に還元する商品のことを言います。

投資知識がなくても、株式や債券、不動産など、さまざまな資産や海外へ幅広い投資ができ、分散投資によるリスク軽減も同時に実現できるのが最大のメリットです。

——なるほど。だから外国株式インデックスを1つ買えば、いろいろな国、いろいろな企業の株式を買えることになるのですね。

厳密に言うと外国株式インデックスのようなインデックス・ファンドは、先ほど少し触れたように、ファンドマネージャーが運用するというよりは、実際のところはコンピューターが人間に代わって運用してくれます。

たとえば、1億円の日本株式インデックス・ファンドの買い注文が入った場合、どの銘柄を何株買うかという意思決定はコンピューターが瞬時に計算を行い、買い付けを実行します。

——コンピューターですか！

（図表 2-5）投資信託の仕組み

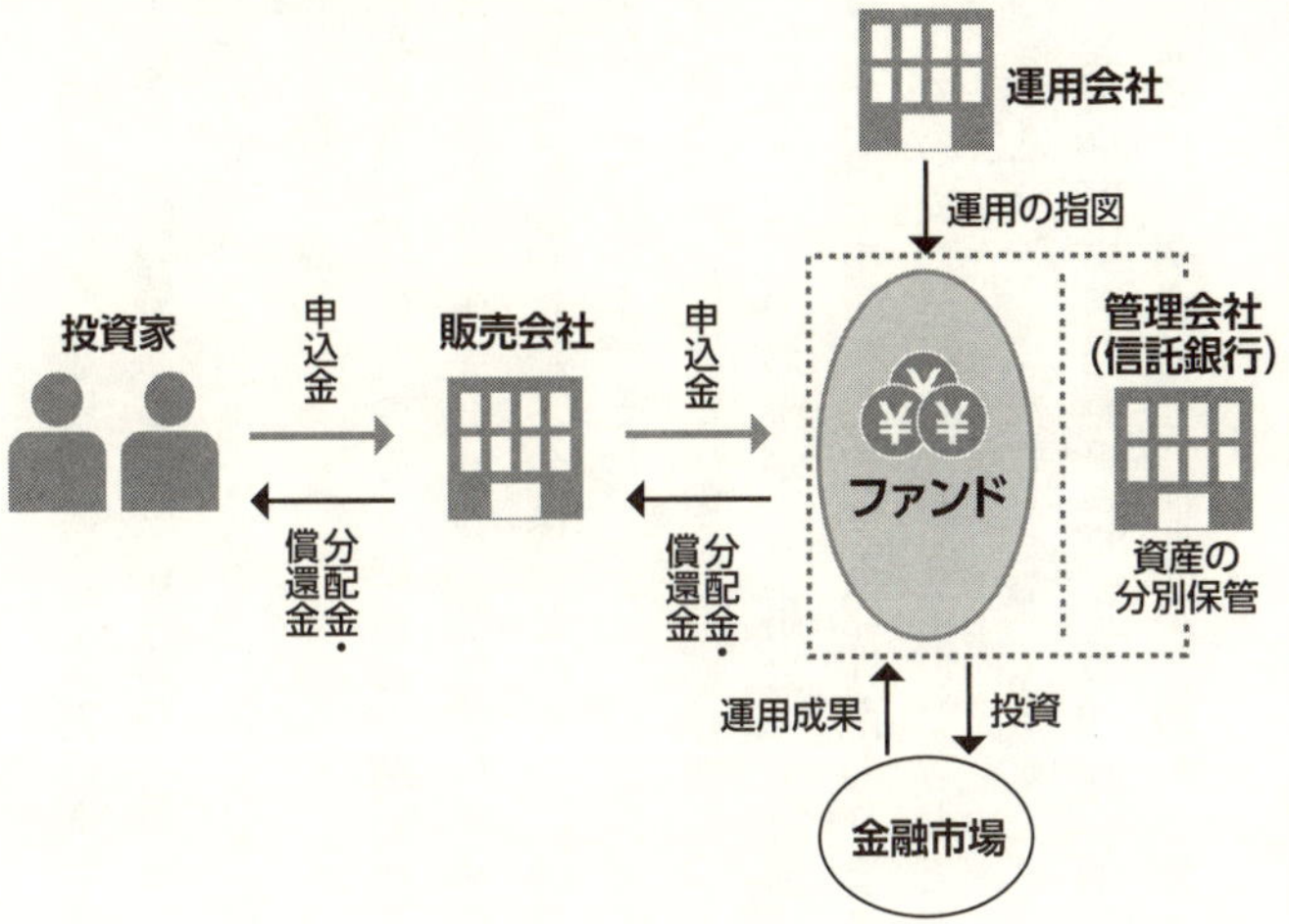

人手がかからず、コンピューターが手配するので、手数料も安いんです。

それでは中村さん、投資信託のメリットはなんだと思いますか？

――今、上地さんが教えてくれたように、少ない資金でも始められるということじゃないですか？ あとは、複数の企業の株を買えるので、いちいち自分で選ぶ手間がかからないところとか。

そうですね。1000円で、世界中の株式、債券、不動産市場に投資できてしまう投資信託まであります。これって画期的なことですよ。

――投資信託ってありがたいですね～

ほかにも、もし運用会社や証券会社が倒産しても、投資信託の場合、お客さんの資産がその時の時価（運用成績）で満額保全されるというメリットもあるんですよ。

――金融機関が倒産しても、資産が守られるということですか？

そうです。その前に投資信託のお金の流れから説明しますね。

――お願いします。

投資信託には3つの金融機関が関わっています。1つが、私たちが投資信託を購入する窓口である「販売会社」。証券会社や銀行、ゆうちょ銀行などがそれに当たります。販売会社に支払われたお金は、2つめの「管理会社」に預けられます。信託銀行がその役目を果たしています。そして、3つめが、実際の運用の指示を出す「運用会社」です。

――なるほど。たくさんの金融機関が関わっているんですね。

仮に私たちのお金が「運用会社」にあって運用会社が倒産した場合、それこそ本当に投資金額もドボンしちゃう可能性があります。しかし、資金の管理は「信託銀行」が請け負っているので、運用会社が倒産しても大丈夫なんです。

――それでも「信託銀行」が破綻《はたん》することもあり得ますよね？

「信託銀行」には信託法という法律が適用されます。

簡単に説明すると、信託銀行のお金と中村さんの投資信託のお金は別の勘定で管理がなされているということ（分別管理義務）、もう一つは、投資信託のお金（信託財産）については、仮に信託銀行が破綻しても債権者が信託財産を強制執行（差し押さえ）することができないということです（信託財産の強制執行の禁止）。

――ということは、3つの金融機関のどこがツブれても、私たちの資産は守られるという理解でいいのですか？

そうです。中村さんが気にかけるべきは、投資信託は毎日その価格が公表されていますが、その価格が現在いくらになっているかだけでいいのです。結論から言ってしまえば、投資信託の価格が1万円の時に100万円投資した場合、その投資先の株式市場が値上がりすれば1万円が1万2000円、1万3000円と上昇していきます。逆に投資先の市場が下落すると9000円、8000円と値下がりしていきます。そこで、仮に1万2000円の時に運用会社、信託銀行、購入した証券会社のすべてが倒産しても120万円は戻ってくるんですよ。

――そうなんですか。安心ですね。

もちろん、投資信託の価格が8000円の時にすべての関係会社が破綻すると、中村さんに戻ってくるお金は、100万円ではなく80万円になります。つまり、投資信託は預金のように元本保証はされなくて、その時の投資信託の価格（時価）で満額保証されるということです。

——それでしたら、投資信託の価格が0円になってしまうことはないのですか。そうなったら、さすがに私の投資資金もパーということですよね。

はい、その通りですが、投資信託の価格が0円になるということは、投資した企業がすべて倒産することを意味します。外国株式インデックスであれば、先進国の上場企業がすべて倒産することなんです。あり得ると思いますか？

——それは現実的ではないような気がします。さらに安心度が増しました！

気になる投資信託の手数料

さて、投資信託を始める前に、手数料がかかることも知っておく必要があります。

——手数料はやっぱりかかりますよね。安いといいなぁ。

投資信託には、3つの手数料がかかります。

1 販売手数料
2 信託報酬
3 信託財産留保額

販売手数料は、投資信託を購入する時にかかる手数料で、販売会社である金融機関に支払われることになります。販売手数料は同じ商品であっても証券会社や銀行などが個々に決められるので、購入前に自分でちゃんと確認することをおすすめします。金融機関、商品によって手数料は異なりますが、だいたい0〜3％くらいが一般的でしょう。ちなみに、販売手数料がかからないものを「ノーロード」と言います。

——販売手数料は、0〜3％くらいが一般的なんですね。覚えました。

次に、信託報酬は、別名「運用管理費用」と言いまして、運用業務、資産管理、メンテナンスに対する対価で、運用会社、信託銀行、販売会社にそれぞれの取り決めによって案分される手数料です。

——報酬っていうくらいだから、信託報酬は私がもらえるものと思っていました。

たしかに言われてみれば、中村さんの言う通りですね。〝信託手数料〟といったほうがわかりやすいかもしれません。信託手数料は、投資信託の資産から差し引かれ、年に0・5〜1・8%が一般的です。その投資信託を保有し続けている限り、ずっとかかってくる手数料です。

——ずっとかかることを考えたら、信託報酬はなるべく安いものを選ぶほうがよさそうですね。

そして、お客さんが投資信託を売却する時に徴収されるのが、信託財産留保額という手数料です。

手数料といっても運用会社、販売会社、信託銀行などの金融機関に支払われるものではなく、投資信託を解約するとファンドの中で株式の売却手数料が発生しますので、そのコスト分を売却した人に負担していただこうという発想で生まれました。最近では信託財産留保額を徴収しない投資信託が増えているのと、料率もおおよそが0・3%と大きな負担ではないので、信託財産留保額についてはあまり気にする必要はないかと思います。

——なんだか、思っているよりいろいろ手数料が引かれるんですね。できれば、手数料がかからないほうが嬉しいんだけどな〜

手数料の低さという点でも、中村さんにはインデックス・ファンドをおすすめします。インデックス・ファンドであれば、おおよそのもので販売手数料はゼロ、信託手数料は高くても1％を超えるものは少なくなりました。

――それはいいですね！

それでは、ここまでの大事なポイントをまとめてみましょう。

◎自分で年金を作るような長期目的の運用であれば国際分散投資が望ましい
◎経済や市場の予測はしなくてもよい
◎1年で結果を見ない。世界経済は今よりも10年後、10年後よりは20年後成長しているくらいの感覚でよい
◎手数料の低いインデックス・ファンドで国際分散投資を実行する
◎一括で購入しないで積立投資でコツコツ購入する

ここまでのお話で、インデックス・ファンドを用いた「長期・分散・積立」投資についての理解はかなり深まったと思います。

――はい、かなりレベルアップした気がします！

値が下がっても利益が出る？　積立投資ならではのメリット

この章の最後に、「積立投資」についてもう少し詳しく解説しておきましょう。中村さん、積立投資について、まだ何か腑に落ちないところはありませんか？

――積立投資だとリーマンショックの直前に始めても大きな損はなかったし、その後の長期間で見ても大きな利益が生まれたことを教えていただきました。私も、積立投資をしたいと思ってはいるのですが、じゃあ、なんで大暴落に見舞われても儲かるのかを説明しろと言われても、よくわからないです。

ということは、まだちゃんと理解できていないということですよね。

では、積立投資の本質を理解するクイズを出しますので、一緒に考えてみましょう。Q1の答えを選んでみてください。

毎月5万円の積立投資で、7年後には5分の1になる大暴落に見舞われ、最後の3年間で半値までどうにか戻した悪夢のような投資ですね。

――ずっと値下がりしてて、最終的には半値までしか戻ってないんですよね。普通に考えたら、答えは①か②のような気がします。増えてるってことはないんじゃないかなぁ～

（図表 2-6）クイズ①〜積立額はいくらになった？

Q1

下図のような値動きの投資信託に毎月「5万円」を10年間積立投資した場合、累積積立額の600万円（5万円×12カ月×10年）はどうなっているでしょうか？

①400万円　②600万円　③700万円

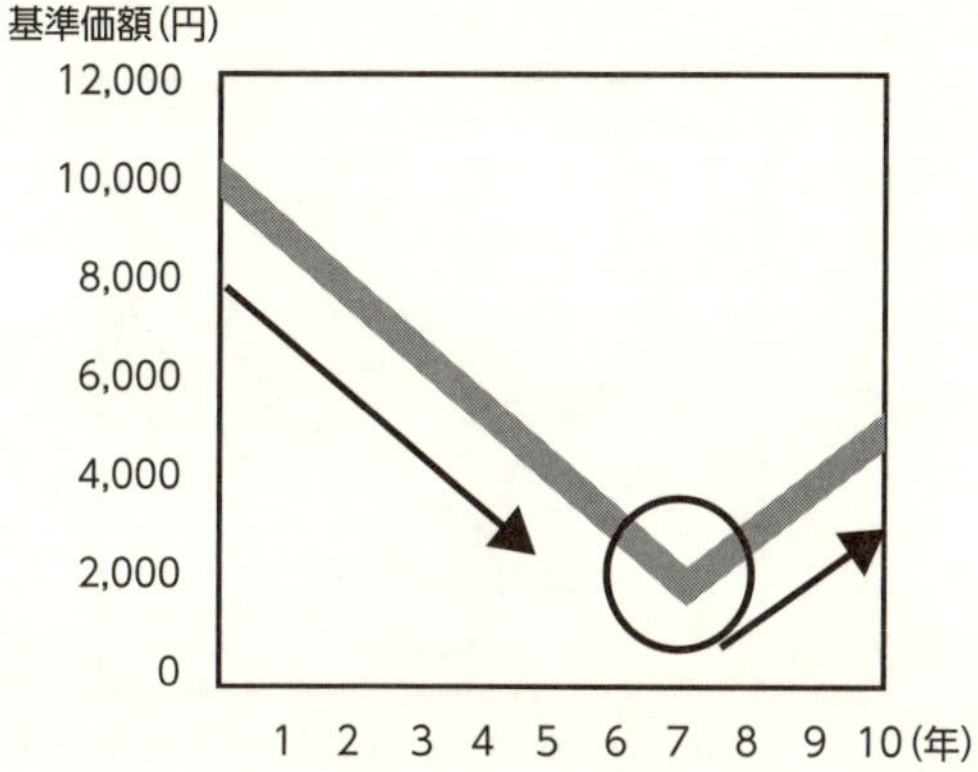

正解は③の700万円です。

――えー！

さらに、もう一つクイズです。Q2にチャレンジしてみてください。

5年後に5分の1に下落、その5年後に元本にまで回復したケースです。前問の応用ですね。

――元本まで戻ったケースですよね。さっきのクイズがあったので……。②の900万円にしておきましょうか。ちょっと上がったくらい。

(図表 2-7) **クイズ②〜積立額はいくらになった?**

Q2

下図のような値動きの投資信託に毎月「5万円」を10年間積立投資した場合、累積積立額の600万円はどうなっているでしょうか?

①660万円　②900万円　③1200万円

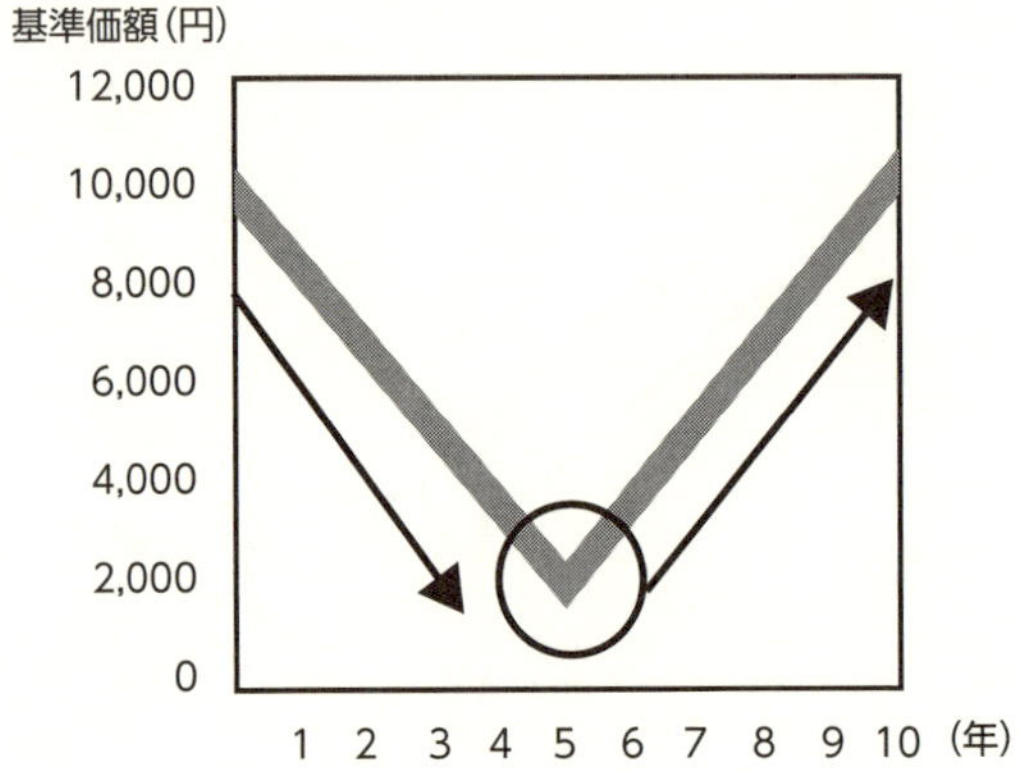

正解は③の1200万円です。このように、積立投資なら半値にまで下がっても、利益が出ることがあるんです。

——どうしてこんなことになるんですか?

そのカラクリを解説しましょう。金融商品だとわかりにくいので、リンゴに置き換えて考えてみます。

——ええ。

八百屋さんがリンゴを仕入れて販売するとします。毎月の仕入額は1000円です。1月はリンゴが1個200円

(図表2-8) リンゴで考える積立投資の仕組み

さて、八百屋さんが毎月の仕入額1000円でリンゴを仕入れて商売します。

- 1月はリンゴが200円だったので、仕入れられるリングの数は「5個」
- 2月はリンゴが100円に値下がりしたので、「10個」の仕入れ
- 3月はさらに50円に値下がりしたので、「20個」の仕入れ

3か月で「計3000円」で「計35個」のリンゴを仕入れました。

その後4月には100円まで値が回復したとします。

そうすると、4月「35個」のリンゴが「100円」で売れれば、「3500円」の売り上げ、仕入額は「3000円」ですから、「500円」の利益が生まれます。

また、5月に「200円」に回復したとすれば、売り上げは「35×200＝7000円」で、なんと「4000円」もの利益が生まれるのです。

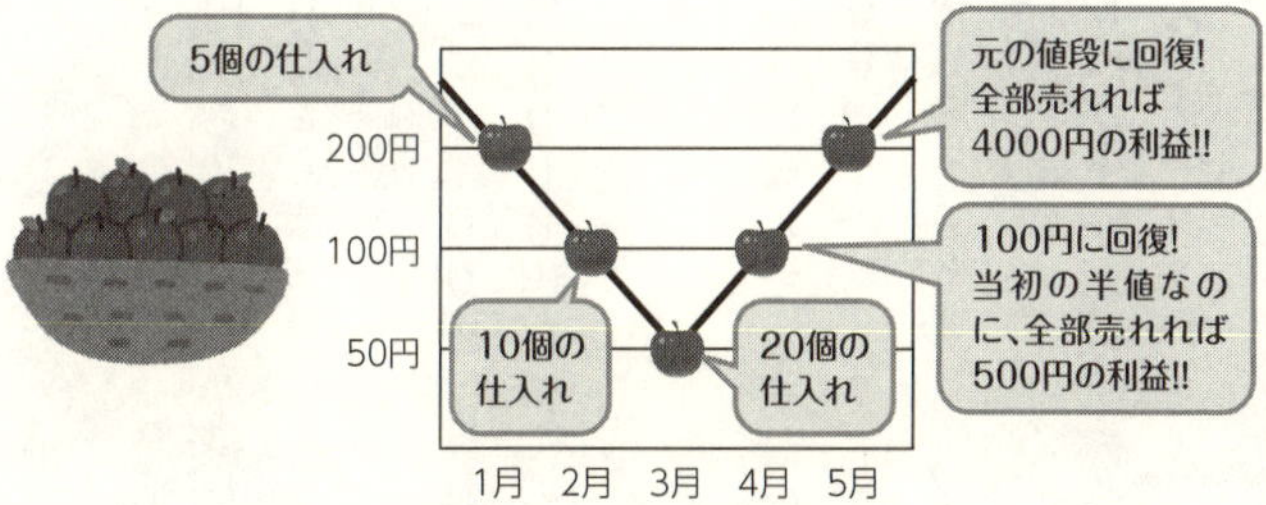

でした。仕入れられるリンゴの数はいくつでしょうか？

――仕入額が1000円ですから、5個ですよね。

そうですね。では、2月はリンゴが値下がりして100円になりました。仕入個数は何個になりますか？

――10個になりますね。

3月はさらに値下がりして50円になりました。仕入個数は何個になりますか？　また、1～3月でいくら支払って、何個のリンゴを仕入れられましたか？

——3月は20個のリンゴを仕入れて、3か月合計で3000円支払って、35個のリンゴを仕入れました。

その通りです。リンゴが200円から50円まで暴落して心配かもしれませんが、仮に4月に100円まで値が回復してくれたとします。

——まだ最初に仕入れ始めた1月の半分の値段ですね。

そうです。でも4月に35個のリンゴが100円で売れれば、35個×100円＝3500円の売り上げになります。仕入れは3000円だったので、500円の利益が生まれることになります。しかも、値段はまだ当初の半分にしか戻っていないにもかかわらず、です。

——あっ、本当ですね。不思議だ！

もし、5月まで待って200円に回復したとすれば、売り上げは35個×200円＝7000円です。仕入れ値は3000円なので、なんと4000円もの利益が生まれます。でも、これ、もともと200円のところから始めて、200円に戻っただけなんですよ。

——そうですよね。なんだか、魔法にかけられたみたいです。

魔法でも何でもないんです。値段が下がれば下がるほど、より多くの量を買えること。これが積み立てのメリットなんです。リンゴが200円から100円に値下がりすると、1000円で買えるリンゴの個数は5個から10個へ、さらに50円に値下がりすると、1000円で買えるリンゴの個数は10個から20個へと買える個数が増えるのが大きなポイントです。

積立投資も、このリンゴの例とまったく同じです。値下がりすればするほど、大きな利益が生まれる可能性が高まります。

――もし、暴落が起きても怖くないということですか？

そういうことです。積立投資にとって暴落はむしろチャンスと言えるかもしれません。

積立投資でも損をするのはどんな時？

――なるほど。私、これでやっと投資デビューできそうな気分になってきましたけど、もう一つ質問させてください。長期の積立投資だったら絶対に損するってことはないんですか？

もちろん、そんなことはありません。損することもありますよ。

――損するとしたら、どんなケースですか？

はい。では次に図表2‐9のチャートをご覧ください。

たとえば、この2つのケースですね。左のチャートで言うと、長期的に下落相場が続く市場。日本の株式市場の1990年から2012年までの22年間のような状況がそうです。2012年秋からのアベノミクス相場で日本株は大きく戻したので現在では大きな利益が生まれていますが、さすがに22年間報われないのはしんどいですよね。

——22年は長いし、その間報われないなんてしんどすぎます。

もう一つの右のケースは、5年の上昇相場の後に5年の下落相場が続くようなケースです。これはどんな時に起こるかというと、やはり分散投資を怠り、1つの市場に集中させるとたまに起こり得る話です。

たとえば、ブラジルはオリンピック開催が決まってから経済は好調で、中国によるブラジル資源爆買いの恩恵も大きく受けました。ところがオリンピックが終わり、中国経済も成長が鈍ってくるとこれまで続いた株式市場の上昇が下落へと反転していきました。つまり、積立投資とはいえ国際分散投資が必要なんです。

（図表 2-9）**積立投資でも利益が出ないパターン**

下落が続くケース

日本株式のように長期低迷する場合、「10年積立」でも、「20年積立」でも、積立運用は失敗した

前半上昇して後半下落するケース

新興国のような成長市場であっても、前半5年が上昇相場、後半5年が下落相場という事態だと失敗してしまう

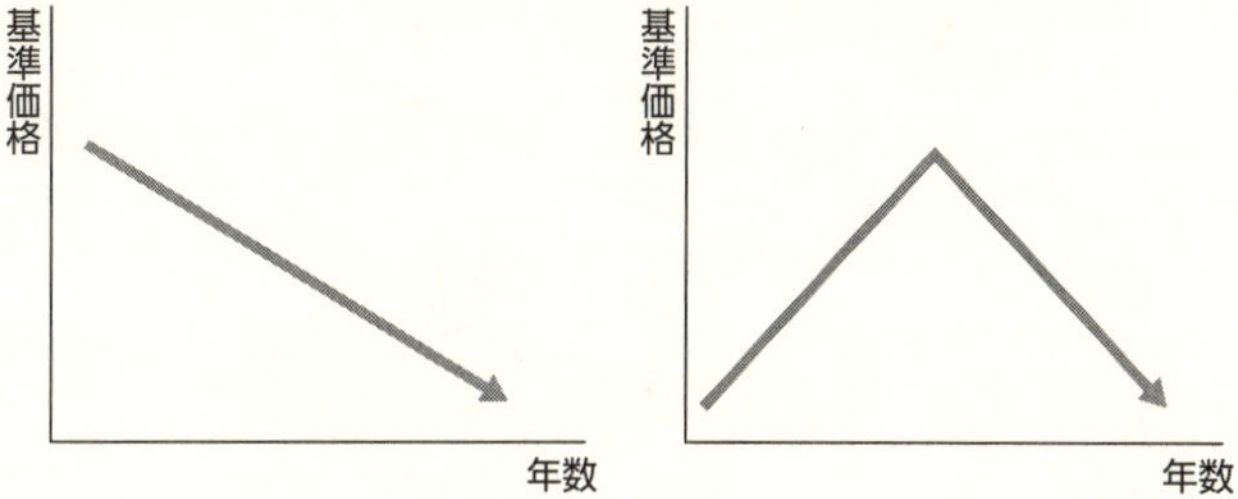

積立投資にタイミングは不要

——上地さん、私、ふと思ったんですけど、いいですか？

はい、なんでしょう？

——投資を始める際に、これから明らかに下がると確信したら、やはり大きく下落するのを待ってから始めたほうがいいんじゃないですか？　それなら損するリスクも小さいだろうし、大きな利益も期待できますよね。

　良い質問です。では、Q3を一緒に考えてみましょう　12月末の時点で投資金額がより多く増えていたのはAさん、Bさんのどちらでしょう？

（図表 2-11） より多くお金を増やせたのはどっち？

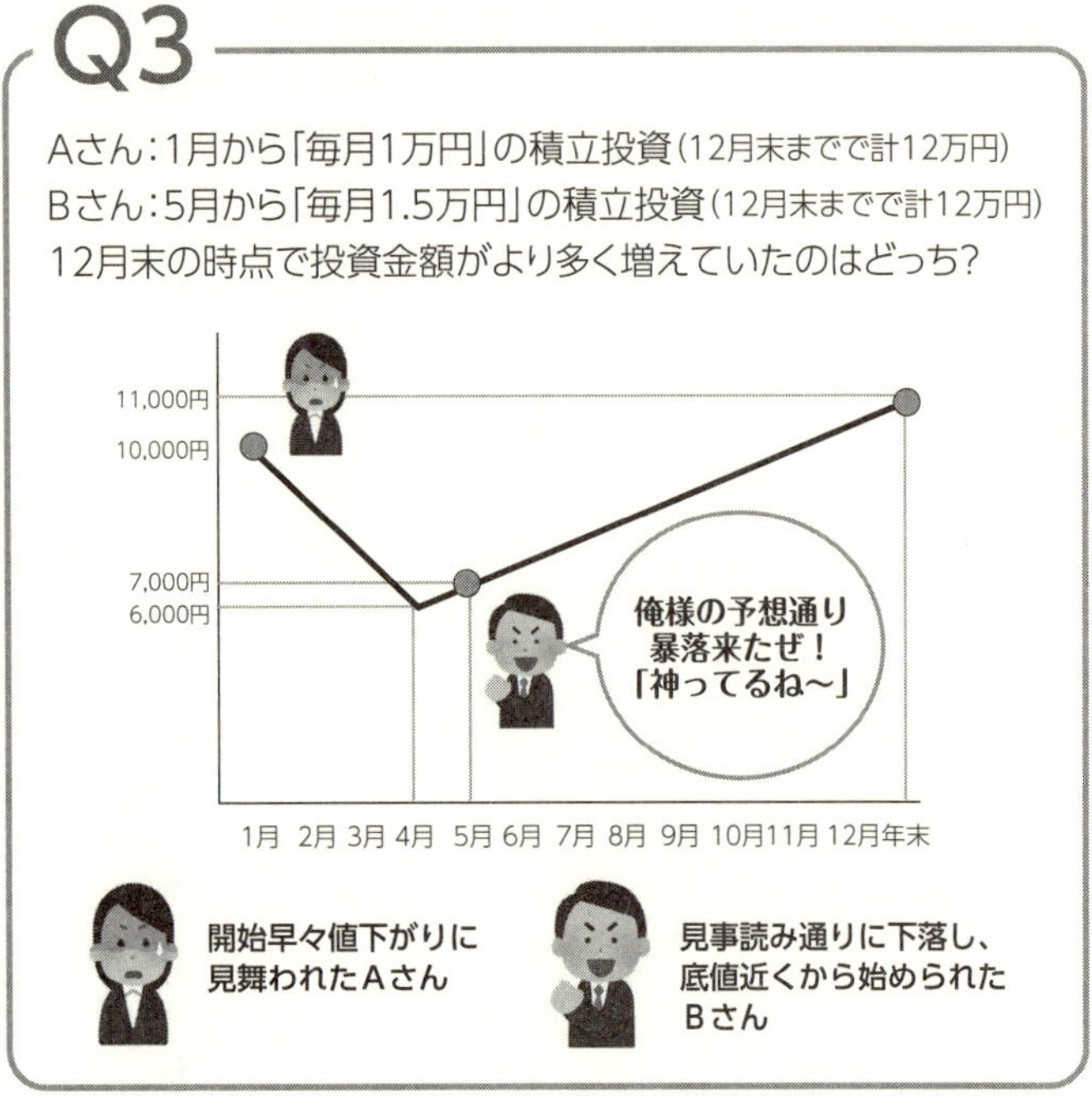
Q3
Aさん：1月から「毎月1万円」の積立投資（12月末までで計12万円）
Bさん：5月から「毎月1.5万円」の積立投資（12月末までで計12万円）
12月末の時点で投資金額がより多く増えていたのはどっち？
11,000円
10,000円
7,000円
6,000円
1月 2月 3月 4月 5月 6月 7月 8月 9月 10月 11月 12月 年末
俺様の予想通り
暴落来たぜ！
「神ってるね～」
開始早々値下がりに
見舞われたAさん
見事読み通りに下落し、
底値近くから始められた
Bさん

――ここまでのクイズの答えの傾向からいって、投資金額が多く増えていたのはAさんということですか？

正解です。積立投資にタイミングは不要なんです。

――えー。そうなんですか。

安い時にたくさんの口数を買ったAさんのほうが勝ちということです。

それでは、次のQ４はどうでしょうか。中村さんなら、AとB、どちらのファンドに投資したいですか？

――そりゃ、やっぱり上がってい

(図表 2-12) **積立投資にファンドの優劣は関係ない!?**

Q4

1月月初1万円の投資信託A、Bがあります。
ファンドAは、下図のように12月末日に11,000円に上昇。
ファンドBは、9月月初に2,000円に値下がり、その後年末に5,000円まで戻しました。
あなたならどちらのファンドに投資したいですか?

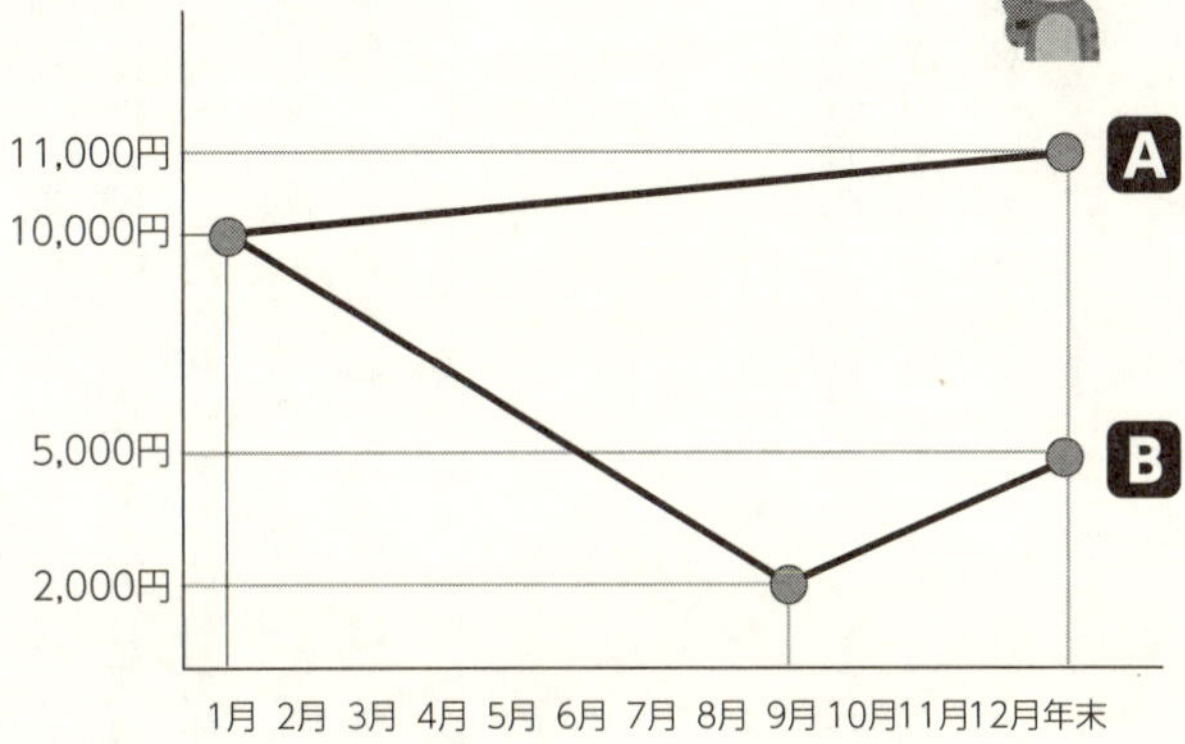

るAのほうがいいと思いますけど……Bのほうがいいんですか?

Aが損しているわけではありませんが、年末時点での運用成績を見ると、Bのほうがいいんですね。

――不思議ですね、積立投資って。

そうです。積立投資をすると投資の常識がガラリと変わります。運用成績がいいファンドよりも悪いファンドのほうが、積み立てで投資を行うと獲得リターンが高くなることがあるのですから、本当に不思議なものですね。

要は、積立投資の場合は、短期的な上下動を気にする必要はまったくなく、長期的に世界経済が拡大することを前提に国際分散投資を実行すればいい、ということです。

――「インデックスで国際分散」と「月1回の積み立て」の仕組みを最初に作って、後は機械的に続けていくだけで、誰でもこんな結果が出せるんですね～

私が30年以上投資の世界を見てきてわかったのは、投資家心理として、高いところで売るよりも、損しそうなところで売りたくなる人が圧倒的に多いということです。だからこそ効率性よりも安心の仕組みを作ってから投資を始めることがとっても大切になるんです。

――「値下がりした！」と、思った時に売る人が多いってことですよね。私、絶対にそのタイプです。

しかし、そこで売らないことが大切なんです。なぜなら、先ほど説明したように、下がったほうが得するのが、積立投資の大きな特徴だからです。外国株式インデックス・ファンドは、世界の株式市場全体の値動きに連動するように作られたファンドです。どこかの国が低迷しても、そのぶん別の国ががんばって、全体として成長していけば、外国株式インデックス・ファンドは上昇していく可能性が高い。

世界の多くの人々が今よりもっといい生活をしたい、もっとお金を稼ぎたいと考えている限り、世界全体の経済は発展していく可能性が高いといえます。難しい言葉でいうと、これが資本主義の成長原理なんです。

——資本主義の成長原理ですか。

過去200年、世界経済は短期的な暴落はあったものの、長期的には常に成長を続けてきました。これからもそうなると考えるのが普通です。だから、個別の国ではなく、世界全体で見た場合、ずっと下がり続けることは考えづらい、というのが根拠です。

——今よりテクノロジーが退化するとか、衰退する国が増えるとは考えにくいということですね。分散積立投資を理解して、仕組み作りが完了したら、そのあとは何をすればいいでしょうか？

基本的に、ほったらかしで大丈夫です。

——何もしなくていいんですか？

はい。あとはまぁ、1年に1回、資産額がどうなっているのかチェックするくらいですね。誕生日の楽しみにしてもいいと思います。

——そんなんでいいんですね。最初に考えていたよりも簡単に思えてきました！

2章のポイント

□金融のプロの予測は当てにならない。「長期・分散・積立」投資なら予測はいらない。

□欧米の年金基金、大学の基金、ノーベル財団…も「長期・分散・積立」投資で運用している。

□老後資金作りに最適な投資信託は、金融機関が倒産しても資産が時価で守られる。

□積立投資なら、一括投資と違って、値が下がっても利益が出やすい。

□積立投資なら、いつ買うといいかといったタイミングはまったく不要。

3章

これからの人生&老後のお金、どう考えるべき？

――消費税10％、少子高齢化、年金不足時代……の頭のいい対応法

公的年金はもうあてにならないのか

——ここまで老後の年金作りとして、「長期・分散・積立」投資がいいというお話を聞いてきました。つまり、自力で自分の年金を作るという考えですよね。やはり将来的に、公的年金だけで老後を暮らしていくのは難しいことなのでしょうか？

公的年金は大丈夫なのか？　ということですね。よく聞かれる質問です。

——私世代の人たちが老後を迎える頃には、公的年金は破綻しているという話を本で読んだことがあって。どうせもらえないなら、払っても意味がないという意見もありますよね。

私の答えはきわめてシンプルで、「制度が破綻することはないが、今後の受給環境はますます厳しくなる」。これは間違いないことだと思います。

——受給環境が厳しくなるというのは、もらえる金額が少なくなるということですか？

もらえる金額が少なくなるほか、受給年齢が上がることなども考えられますね。要は、もらえる年金はトータルで少なくなるということ。

日本の年金制度は、賦課《ふか》方式です。現役世代が納めた保険料が、その時の年金受給者へ

（図表 3-1）現役世代が何人で1人の年金生活者を支えてる？

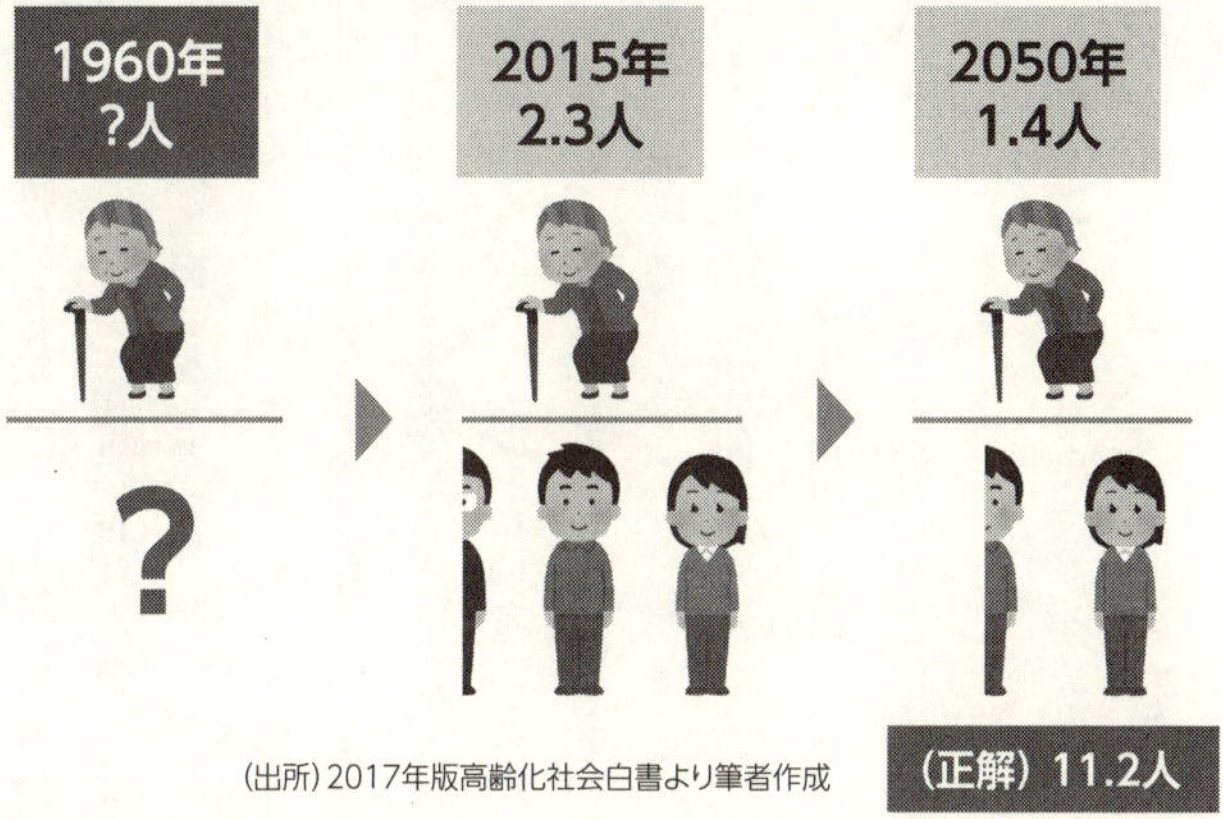

（出所）2017年版高齢化社会白書より筆者作成

の支払いにあてられるのをご存知ですか？

——なんとなくは。少子高齢化で若者の数がどんどん減って、高齢者が増えていっているのが年金問題の原因ですよね。

そうですね。賦課方式は、インフレや給与水準の変化に対応しやすいというメリットがある一方で、現役世代と年金受給世代の人口構成に大きな変化が起きると、エラーを起こします。つまり、現在の日本のように現役で働いている人が減って、リタイアした高齢者の数が多くなると、年金保険料の負担増加や、年金支給額の削減をしなければならないという状況に陥ってしまうんです。

——2015年には2・3人で1人の高齢者を支えていたのが、2050年には、1・4人で支えないといけなくなるわけですね。

年金制度の骨格ができた高度経済成長期は、今とは状況がまったく違いました。たとえば1960年は、現役世代が11・2人で1人の年金生活者を支えていたんです。

――そんなに違うんですか⁉

そうなんです。ちなみに、2070年には、ほぼ1人の現役が1人の高齢者を支える時代がやって来ると予測されています。こうした状況から見ても、今後もらえる年金が増える可能性はまず考えられません。だからこそ、今の若い世代は特に、年金とは別に資産を作っておく必要があるということが、はっきりしているのです。

――そんな状況、もう年金が破綻していると言われても仕方ないんじゃないですか？　本当に、日本の年金制度は破綻しないのでしょうか？

はい。日本という国がツブれない限りは、国の年金がなくなることはありません。年金を支払っても意味がないと思う人は、今一度、年金の仕組みを調べてみるといいと思います。大変よくできた制度だということがわかるはずです。

――そうなんですか？

たとえば、サラリーマンが入っている厚生年金の場合、掛金の半分を会社が負担してくれています。さらに、支給される年金は半分以上が税金で補われ、死ぬまでずっと支給が保証されています。こんなに恵まれた仕組みは民間の保険では絶対に考えられませんよ。

——へえ〜、はじめて知りました。というより、年金について真剣に考えたことがありませんでした。デメリットが目立つけど、それを上回るメリットもあるんですね。

デメリットを上回るメリットがあるかはわかりませんが、メディアが言うほどひどくはないと言ったところでしょうかね。日本の年金制度の将来についてはさまざまなデマや推測に満ち溢れています。中村さんも何を信じればいいのかわからない状況だと思います。ただ、あまり複雑に考えず、これからは自分の老後は自分で守る。この発想を持つことが重要だと思います。

——公的年金にはあまり期待しすぎないようにして、自分でお金を作っていくことが大事なんですね。

実際のところ、老後資金はいくらあればいい？

——少し前に、金融庁が、年金以外に2000万円必要だと公表して大きなニュースになりましたよね。結局、老後資金っていくらあったら大丈夫なんでしょうか？

人それぞれというのが正解ではありますが、せっかくなので、金融庁の試算に基づいて老後にいくら必要かを考えてみましょう。

――はい、お願いします！

金融庁が試算したのは、65歳無職の夫婦で、年金収入が約21万円、毎月の支出が26万円と仮定した場合の話です。毎月5万円の赤字ですね。その夫婦が、95歳までの30年間生きる前提で計算すると、約1300万円～2000万円不足することになります。

といっても、これはあくまで試算です。支出については、毎月26万円で試算していますが、田舎で暮らす人と東京の港区で暮らす人とではまったく金額が異なってきますよね。

――たしかに、住む場所によって物価も違いますし、一概には言えませんよね。でも、仮に収入が21万円なら、頑張って予算内で生活すればいいんじゃないですか？　毎月5万円の赤字をなくせば大丈夫ってことですよね。

はたして簡単でしょうか？　試算の内訳を見ると、支出26万円のうち、教育娯楽費が月2万円となっています。これでは温泉旅行にも行けませんし、外食もろくにできません。お孫さんにお年玉をあげることもできません。

――う……。老後の娯楽資金が少ないのは、ちょっとつまらないですね。

それに、自営業者などで国民年金だけの人、厚生年金の加入期間が短い人は、年金の受給額が21万円よりさらに低くなるので、２０００万円では足りないと思うんです。

——シビアな現実ですね～

人生１００年時代と言われます。にわかには信じがたいですが、２００７年以降に生まれた日本人の半分が１０７歳まで生きるというデータもあります。さらなる長寿化が進む中、金融庁の出した試算では、ゆとりある生活を送るにはほど遠いと言わざるを得ません。

——できれば、ゆとりある老後生活を送りたいものですが、その場合はいくらあったら大丈夫ですか？

中村さんは、毎年誕生月に届く「ねんきん定期便」は確認していますか？

——届いているのは見たことありますが、そういえばちゃんと確認したことはないです。

家に帰ったら、ぜひ確認してみてください。平均寿命以上まで生きることを前提に、自分に必要な老後のお金がいくらかを試算してみるといいですよ。

2000万円は意外に無理なく作れる

さて、老後のお金はあればあるほどいいに決まっていますが、やはり２０００万円作るところからスタートすることにしましょう。

――はい。上地さんは2000万円でもギリギリの生活とおっしゃいましたが、正直なところ、2000万円を作ることすらリアルに感じられません。

でも中村さん。これまでに投資信託での「長期・分散・積立」投資をしっかり学んできましたよね。この方法で2000万円を作るプランを立ててみましょうよ。たしかに、預金しているだけでは、2000万円を作るのは難しいです。仮に金利のつかないタンス預金で30歳から始めて65歳までに2000万円を貯めようとすると、毎月「4万7619円」の積立額が必要です。

――毎月5万円近く貯金するということですよね。何十年も継続するのは難しそうです。

でも、1章に登場した外国株式インデックスを主にした分散積立投資なら、決して難しいことではないんです。あくまでも過去の実績であることはお断りしておきますが、年率7.6%（外国株式インデックスの実績）で計算すると、毎月の積立額は「9613円」ですみました。

図表3－2のグラフを見てください。35年前の1983年末から外国株式インデックスで毎月「1万円」の積立投資をしていたシミュレーションです。33年後の2017年に2000万円を達成できています。投資金額の合計は420万円です。

（図表3-2）外国株式インデックスで35年間、月1万円積立投資をした場合

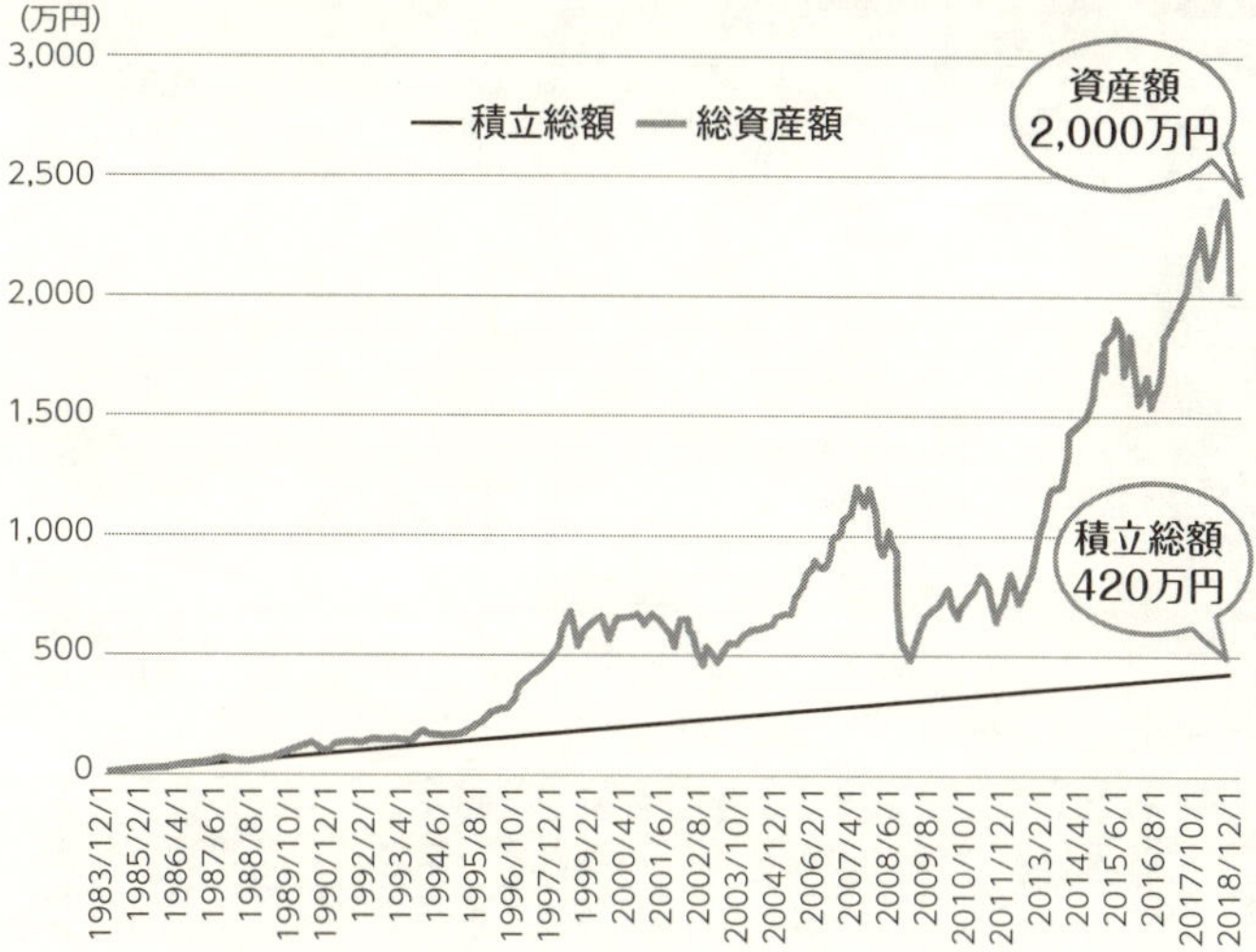

——タンス預金だと月5万円の積み立てが必要だったのが、積立投資だと1万円足らずの積立金額で2000万円作ることができたということですか？

そういうことです。あくまでも過去の結果ではありますが。40歳で始めたケースでもシミュレーションしてみましょう。40歳から65歳までの25年間で2000万円貯めようとすると、金利のつかないタンス預金では毎月「6万6667円」の積立額が必要です。しかし年率「7・6％」の外国株式インデックスであれば、毎月の積立額は「2万2435円」です。

——毎月6万円と2万円では、負担の大きさがまったく違いますね。

（図表3-3）外国株式インデックスで20年間、月4万円積み立てた場合

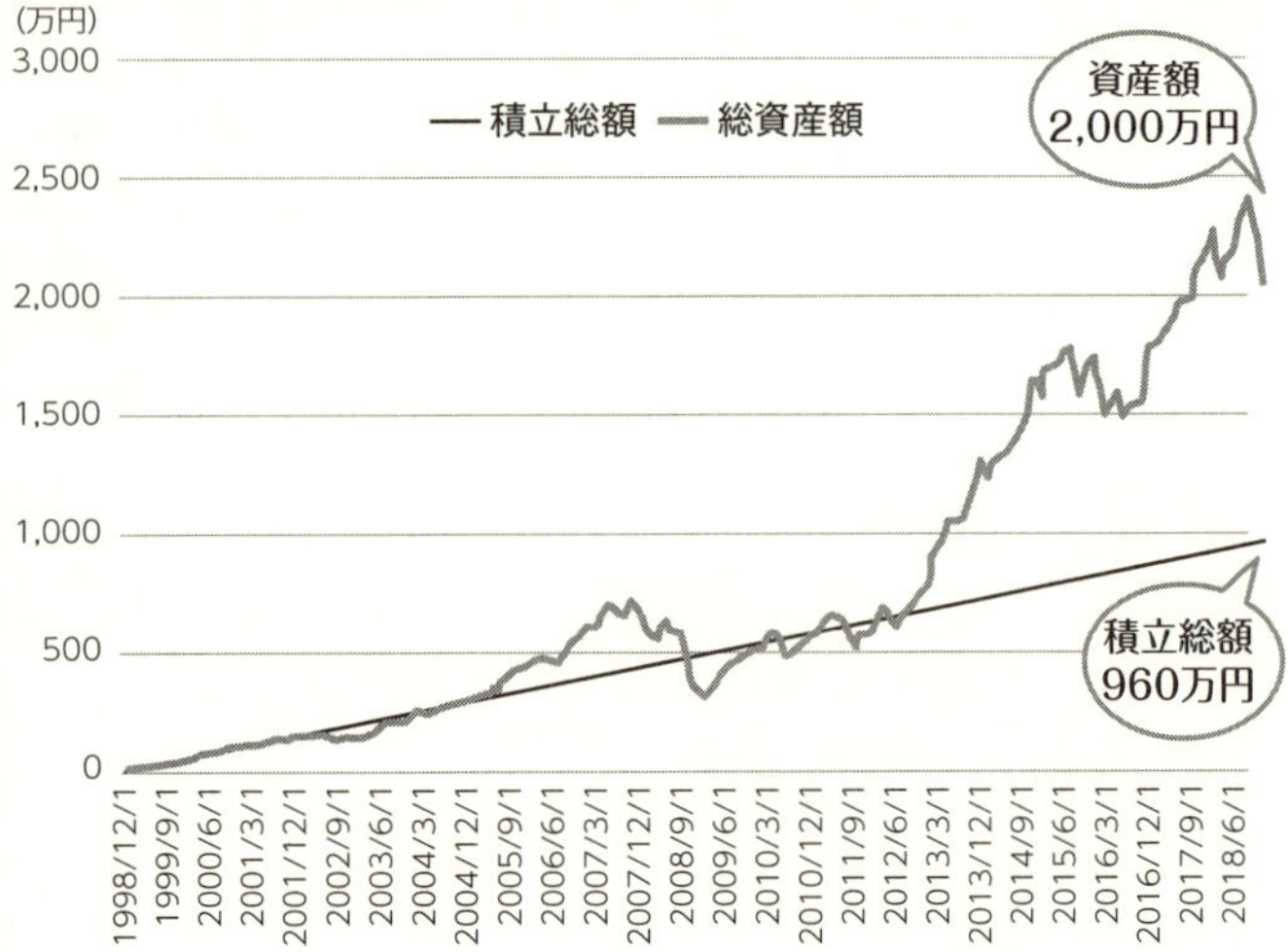

50歳から始めた場合も見てみましょう。さすがに15年では短いので、69歳まで20年間積み立てるとしましょう。１９９８年末からの実績で、20年で２０００万円を作るには、毎月の積立金額は４万円とちょっと気合を入れなければなりません（図表３－３）。

――でも、50歳の時点で貯金がまったくなくても、50歳からがんばって毎月４万円の積立投資で70歳までに２０００万円の老後資金を作れるという勇気を与えてくれるデータですね。

やはり、中村さんのように30歳くらいから始めるのが理想的ですね。しかし残念ながら、大多数の若い世代の人は、「老後のために」といっても、あまり響かないのが実際のところです。僕だって、老後を意識するようになっ

たのは50歳を超えてからでしたから。でも、今の時代だからこそ、若い世代の方にも意識改革してほしいと思っています。

——今のタイミングで、この事実に気づけた私って、かなりラッキーですね！

人生100年時代に知っておきたい、資産寿命の延ばし方

ところで中村さん。復習もかねて、あらためてお聞きしますね。投資信託の存在意義って、何でしょうか？

——投資信託の存在意義ですか？　なんだか難しい質問ですね。

簡単に考えてもらってかまいませんよ。投資信託は、誰がなんのために使うものだと思いますか？

——老後のお金を作るための長期的な投資……で合っていますか？

はい。バッチリ頭に入っていますね。投資信託は、老後のお金を作るためのものであり、人々を幸福にするはずのものです。ところが日本で投資信託というと、老後のお金を作るものという発想はあまりなく、短期の相場動向に乗って短期の資金を稼ぐものとして利用

されているように思えます。結果として日本人の多くは、投資信託という金融商品に「老後の生活を豊かにするもの」「人々の幸福に資するもの」というイメージがありません。

――私もこれまでは投資信託というか、投資そのものに良い印象がなかったですから。まさか、年金として使えるという発想や老後の安心を築くイメージなど、これっぽっちもなかったです。正直、投資というのは、ダマされるもの、手を出してはいけないものって思ってました。

ここであらためて言わせてください。投資信託という金融商品は、老後のお金を作るためのものなんです。短期の相場で買ったり売ったりでお金を増やすためのものではなく、長期的な経済成長の恩恵に与《あずか》ることで、資本所得をいただくのに最適な金融ツールなんです。特に、これから高齢化が進展する日本では、公的年金だけで生活するのは難しいですよね。だからこそ、こういった資産運用で得た収入＝資本所得を取り込む工夫がこれからの私たちに大切なことなのです。

――なるほど。

そこでですが、「こんなことまでできてしまうんだ！」という投資信託の使い方があるのでご紹介いたしましょう。1章で少し触れた「取り崩し運用」です。この手法は、これからますます高齢化社会が進む日本における資産運用の基本形になると思っています。

――はい、お願いします！

これまでインデックス・ファンドの代表として外国株式インデックスを用いてきましたが、ここでは日本株式を加えた世界株式インデックス・ファンド（全体に占める日本株式の比率は約8％）を使ってみましょう。「どうして日本株を除いた外国株式インデックスなんだ？」と思われていた方もいらっしゃると思いますので、世界株式インデックスでシミュレーションをしてみましょう。

――世界株式インデックスと外国株式インデックス、日本が含まれるか含まれないかの違いということでしたが、運用成績でいうと違いはあるのですか？

実は、この世界株式インデックス、日本株式が加わることで長期的なパフォーマンスは少々悪化してしまうのですが、それでも、過去50年間の年率平均リターンは円ベースで7・0％です。外国株式インデックスは7・6％なので多少の見劣りはしますが、シミュレーションでは控えめな数字で計算するほうが堅実な見通しを立てることができますしね。

――世界株式インデックスも、悪くはなさそうですね。

では、図表3－4をご覧ください。1979年に50歳になった人が、世界株式インデックスで毎月2・7万円を20年間積み立てると、1998年、69歳になった時に2000万円になりました。この時の20年は、この積立額で2000万円が作れたのです。

――50歳から69歳までの20年間、月々2・7万円で2000万円を作れたということですね。

そういうことです。その2000万円を、70歳から20年間、90歳まで生活費として少しずつ取り崩していったらどうなるのかを検証したいと思います。

2000万円からの取り崩し方法ですが、毎年決まった金額を取り崩す「定額取り崩し」と、毎年決まった率で取り崩す「定率取り崩し」の2つの方法があります。結論から言うと「定率取り崩し」のほうが資産寿命を延ばすには高い効果を得ることができます。

――定率取り崩しのほうが良いと？　ふむふむ。

年末の残高の5％を取り崩す方法で、シミュレーションしてみましょう。

1998年の年末の残高が2016万円、その5％が約100万円ですから、それを取り崩して、生活費に回します。このように、毎年年末の残高の5％を20年間取り崩していくと、20年間での取り崩し金額の合計が、1587万円になります（★1）。

では、質問です。定率取り崩しによって、2000万円相当から1500万円以上を取り崩した結果、20年後の2018年の年末時点で、いくら残っていると思いますか？

――普通に考えたら500万円……と言ってしまいそうですが、残ったお金は変わらず運用し続けた

(図表 3-4) 資産寿命を延ばす「取り崩し運用」

50歳から20年間で2000万円作るには——

●世界株式インデックスなら「**月額27,000円**」で達成した

●タンス預金では「月額27,000円」だと20年間で「648万円」にしかならない
（タンス預金で2000万円作るには月額「83,400円」必要）

さらに70歳から毎年取り崩していくと——

●世界株式インデックスで毎年５％ずつ20年間取り崩すと「**取り崩し総額は1,587万円（月平均約66,000円）**」で、89歳時点で「**残額が1,583万円**」あった

●タンス預金で毎月27,000円ずつ使うと、89歳で０円に

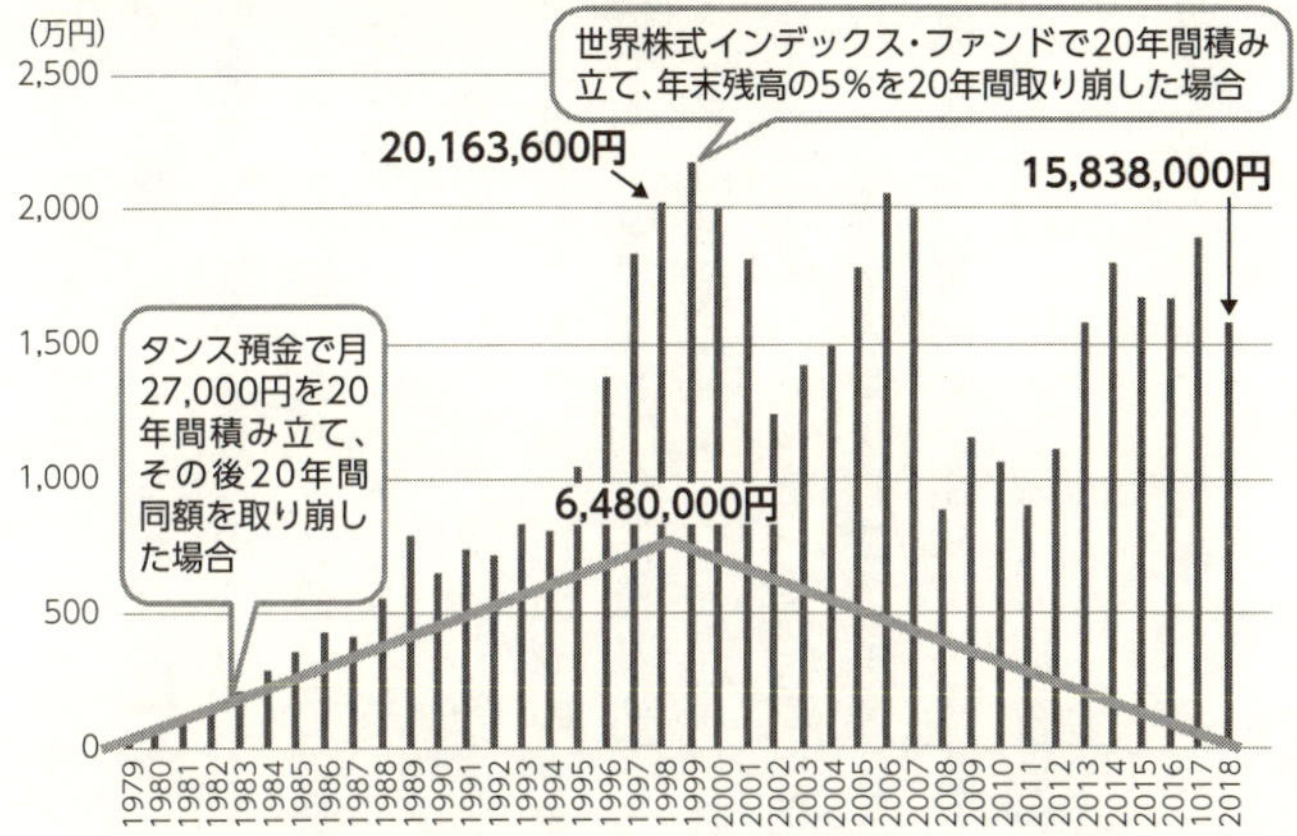

年齢	年	50歳から月27,000円を20年間積み立て	
50歳	1979	367,200	
51歳	1980	718,200	
52歳	1981	1,058,400	
53歳	1982	1,593,000	
54歳	1983	2,257,200	
55歳	1984	2,916,000	
56歳	1985	3,607,200	
57歳	1986	4,422,600	
58歳	1987	4,163,400	
59歳	1988	5,637,600	
60歳	1989	7,927,200	
61歳	1990	6,507,000	
62歳	1991	7,398,000	
63歳	1992	7,322,400	
64歳	1993	8,375,400	
65歳	1994	8,186,400	
66歳	1995	10,611,000	
67歳	1996	13,915,800	
68歳	1997	18,408,600	
69歳	1998	20,163,600	

年齢	年	残高（引き続き運用）	70歳から毎年、前年末の5%を取り崩し	
70歳	1999	21,718,800	1,008,180	
71歳	2000	19,985,400	1,085,940	
72歳	2001	18,122,400	999,270	
73歳	2002	12,490,200	906,120	
74歳	2003	14,261,400	624,510	★3
75歳	2004	14,860,800	713,070	
76歳	2005	17,809,200	743,040	
77歳	2006	20,503,800	890,460	
78歳	2007	19,915,200	1,025,190	
79歳	2008	8,953,200	995,760	
80歳	2009	11,539,800	447,660	★4
81歳	2010	10,675,800	576,990	
82歳	2011	9,055,800	533,790	
83歳	2012	11,226,600	452,790	
84歳	2013	15,919,200	561,330	
85歳	2014	17,971,200	795,960	
86歳	2015	16,723,800	898,560	
87歳	2016	16,615,800	836,190	
88歳	2017	18,900,000	830,790	
89歳	2018	15,838,200	945,000	
		↑	15,870,600	★1
		★2	取崩合計	

んですよね。ということは、500万円より多いのではないでしょうか？

お見事、正解です！　残高は、1583万円です（★2）。取り崩した総金額と、残された運用金額を合計すると、3170万円となります。

——70歳時点では2000万円だったのが、90歳時点では使ったぶんも含めて、総額3170万円にまで資産が増えていたということですね。驚きです。

同じ積立額をタンス預金していたパターンと比べると、もっと驚きますよ。

図表3－4をもう一度見てください。山の形の直線が示すのは、毎月2・7万円をタンス預金していた場合です。コツコツ20年間積み立てた総額は、648万円。その後、20年間にわたり、毎月2・7万円を取り崩せば、当たり前ですが、20年間で底をつきます。

——20年間、毎月貯めてきた金額を、同じように使っていけば、そりゃなくなっちゃいますよね。

しかし、世界株式インデックスで同じことをやっていたら、残額1583万円と、圧倒的な差です。しかも、生活費に回せた額は、タンス預金では648万円ですが、世界株式インデックスの取り崩し運用では1587万円とはるかに多くなる。この開きをどう考えるかということです。

——定率取り崩しなら、老後の生活資金として使いつつ、同時に資産を増やせて一石二鳥ですね！

あれ？　でももう一つの定額取り崩しでは、ダメなんですか？

もちろん、ダメではありませんよ。定額と定率には、それぞれメリットとデメリットがあります。まず、定率取り崩しのメリットは、先ほど説明したように、資産寿命を延ばすことです。ただ、デメリットもあります。

図表3－4の、2003年と2009年の取り崩し金額を見てください。2002年では90万円も下ろせていたのが、翌2003年では62万円（★3）。2008年では99万円下ろせていたのが、翌2009年は44万円（★4）と、激減しています。

――定率だと、毎年取り崩す金額が変わってしまうんですね。なぜなのでしょうか？

それは、市場が大暴落すると、必然的に取り崩せる金額が激減してしまうためです。図表3－4でいうと、2002年と2008年に市場が大暴落しています。だから、取り崩し金額が減ってしまったのです。

――なるほど～。株価がものすごく下がったら、その翌年の取り分は減る。定率は資産寿命を延ばすことができるけど、一方で毎年の収入が不安定になってしまうということですね。

はい、その通りです。これが定額取り崩しであれば、機械的に同じ金額を取り崩していくので、安定的な収入を得られます。しかし、市場の下落時にも大きな金額を取り崩すことなるので、資産の延命効果は低くなってしまうのです。
資産寿命を延ばしたいか、それとも安定的な収入を得たいか。目的をどこに置くかで変わってきますね。

――もし、定率取り崩しをする場合は、何%くらいを目安にしたらいいのですか？

積み立ててきた際の年率平均リターンよりも低い率にする、というのが原則です。世界株式インデックスの場合、平均7%だったので、7%より低くする。そのうえで、資産寿命をもっと延ばしたいなら、4%、3%にすればいいし、子どもに資産を残さないという考えなら6%、7%まで引き上げる考えもありかと思います。

実例に学ぶ、積立投資成功の秘訣は「やめない」こと

ここで、私の知り合いで、積立投資の成功者・Yさんの実例をご紹介します。

――実際に成功されている方の話は興味深いですね。

Yさんは現在70歳。現役時代は新聞記者として大変活躍されまして、最後は役員にまでなられた方です。30歳の時に娘さんが誕生したのをきっかけに、イギリス系運用会社のア

ジア株式ファンドを「毎月5万円」、60歳になるまで30年間にわたり積立投資を続けられました。

――その、アジア株ファンドというのは、インデックス・ファンドなんですか？

Yさんの選んだ投資信託は、アジア諸国の主要企業に分散投資するアクティブ・ファンドで、長期の運用成績はインデックスを若干上回っているくらいのものでした。アジア株式のカテゴリーで評価すると、成績は中の上くらいといったところでしょうか。

――インデックス・ファンドだったとしても大差ないくらいだった、ということですか？

そうです。販売手数料3％、信託報酬1・5％と、アクティブ・ファンドとしてはいたって普通の手数料ですが、インデックス・ファンドに比べれば、かなり手数料は割高ですからね。

――なるほど。

さて、毎月5万円を30年間、ということは、積立総額が1800万円です。30年後に売却した際には、利益の10％の税金が徴収されましたが（当時は特例税制適用、現在は20％）、手取りで5200万円を手に入れました。そのお金はお嬢さんのマイホーム購入資金になったそうですよ。

――1800万円が5200万円ですか。娘さんが30歳というと、ちょうど私と同じくらいの年齢ですね。なんて羨《うらや》ましい!

このYさんの資産運用、成功か失敗かといえば、明らかに成功の部類に入るかと思いますが、成功した大きな理由はどこにあると思いますか?

――やはり運用成績ですか?

いいえ、それは先ほども触れたように並の成績でした。もう正解を言っちゃいますね。正解は、Yさんは図らずも、「長期=30年」「分散=アジア諸国」「積立」という、年金運用の3つの鉄則を踏んでいたということです。分散投資については、願わくばアジア諸国だけではなく、もっと幅広く世界分散させたほうがよかったかもしれませんが。

――何も知らないまま、長期・分散・積立投資をして、ちゃんと結果が出ているのがすごいですね!一つ質問なのですが、運用期間中の30年間のアジア株式市場は、どんな状況だったんですか?たまたま好景気だったから成功したとかもあり得ますよね。

そんなことないですよ。2008年のリーマンショックはご存知の通り。1997年に起きたアジア通貨危機は、アジア諸国にとってはリーマン以上の経済ショックでした。インドネシア、タイ、フィリピンを中心にアジアの株式市場は1年で半値以下、通貨も大暴落したんです。中村さんは、おそらく小学生の時だったので覚えていないと思いますが、この時は韓国が財政破綻して自国の金融・財政政策をＩＭＦ（国際通貨基金）に牛耳られていたんですよ。

――好景気どころか、経済的にはかなり不遇な時期だったんですね。

それでもＹさんは積立投資をやめることなく、ひたすら続けたことが成功につながったのでしょう。といっても、実は「１８００万円」が30年で「５２００万円」になるというのは、大成功でもなんでもなく必然の結果なんですけどね。毎月５万円30年の積立投資で約６０００万円（税引前）になったということは、30年間の年率平均リターンは約７％だったことを意味します。つまり、ラッキーではなく必然の結果だったと言えますね。

――積立投資は何が起きても途中でやめないことが大事ってことですよね。Ｙさんの例を見て、すごく腑に落ちました。

それならよかったです。投資信託という金融商品は、短期でお金を増やす目的の金融商品ではなく、Ｙさんのように、長い年月をかけて年金を作るための金融商品だということを覚えておいてほしいです。

3章のポイント

□老後資金は最低限2000万円は作っておきたい。

□国際分散型ファンドによる積立投資なら、2000万円を作るのは決して難しくない。

□定率による「取り崩し運用」で資産寿命を延ばせる。

□積立投資の成功の秘訣は「やめない」こと。

4章

いざ実践！リスクを抑えて資産を2倍以上にする運用術

——月1000円からでもOK。つみたてNISA、iDeCoを賢く活用

投資を始めるにあたって決めておきたい「ゴール設定」

——分散積立投資を始める前に、最初にやるべきことってありますか?

そうですね。積立投資を始める人に、最初に決めてほしいのが、ゴール設定です。

——ゴール設定というのは、老後資金などのことですか?

そうです。住宅資金や結婚資金、教育資金など、長期的にお金を増やしたい目的はいろいろあると思います。まずは何を目的に、どのくらいの期間積立投資をするのか、その時間軸の設定が一番重要です。中村さんのゴールは老後資金ということでいいですか?

——老後資金も大事は大事なのですが……。それよりも前に、たとえば10年間で1000万円作ることもできたりします?

できるかどうか、計算してみましょう。積立投資の計画を立てる時に便利なサイトがあります。パソコンで「積立投資シミュレーション 金融庁」と検索してください。図表4-1の画面が登場します。

今回の場合、10年間で1000万円貯めるにはいくら積み立てればいいのかを知りたい

(図表 4-1) 積立投資のシミュレーション

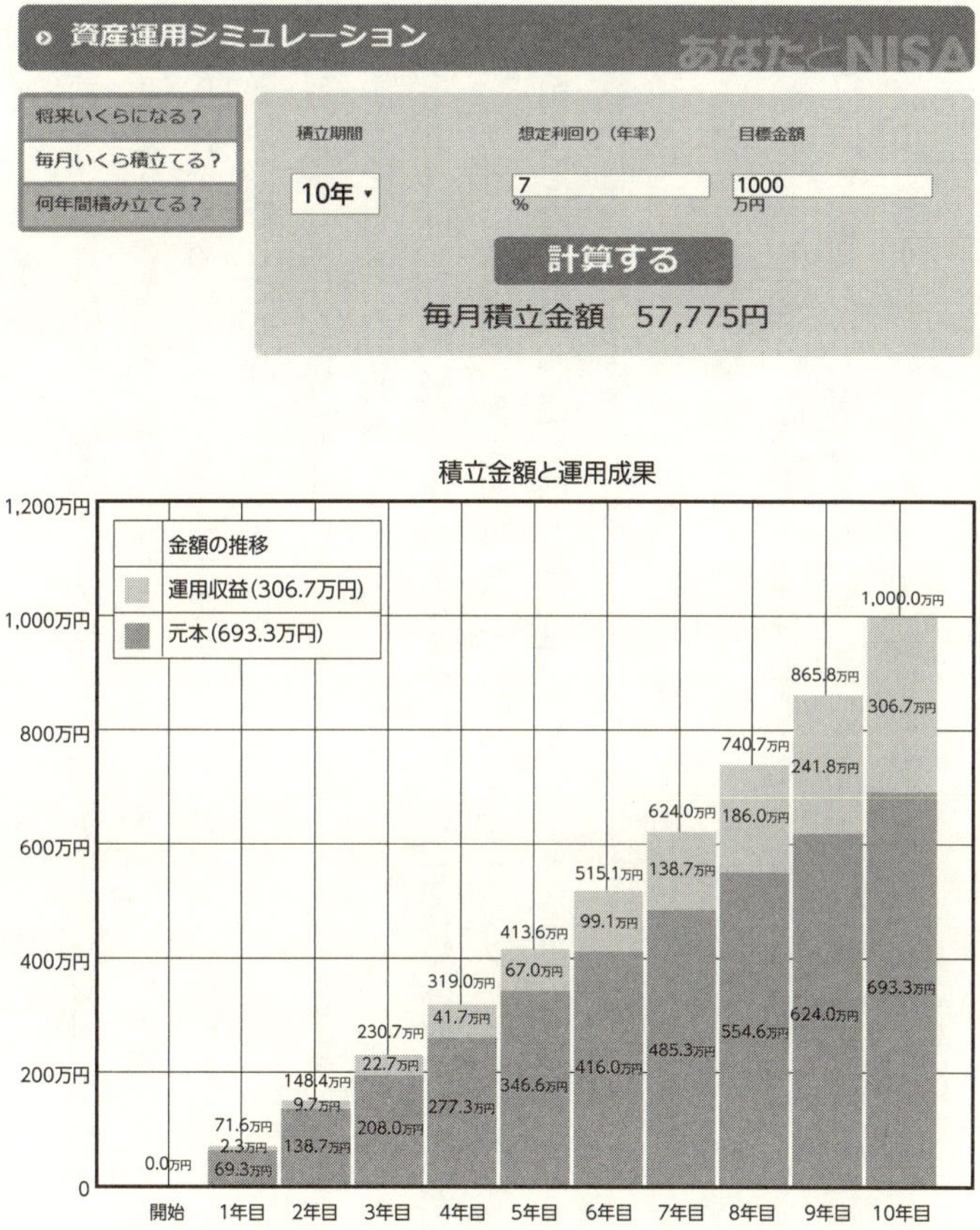

(出所)金融庁HP

ので、「毎月いくら積立てる?」をクリックします。積立期間は10年、外国株式インデックスを想定するので年率は7%としましょう。そして、目標金額が1000万円でしたね。必要項目を埋めたら「計算する」をクリックしてください。毎月いくら積み立てればいいか瞬時に計算してくれます。

——毎月の積立金額、5万7775円! うーん、毎月これだけ捻出するのは厳しいですね。今の私だと、出せても月1万円が限界です。

そうであれば、目標金額を達成するまでには、何年間積み立てる必要があるかを計算してみましょう。今度は「何年間積み立てる?」をクリックしてください。毎月の積立金額が1万円でしたよね。想定利回りは先ほどと同じ7%、目標金額は1000万円にします。すると結果はどうなるかというと……

——積立期間、「27年7か月」と出ました! 「毎月1万円」だと、「目標1000万円」作るには、やはり27~28年かかるものなんですね。

そうですね。しかも、「年率7%」はあくまでも過去の結果であって、この先も同じになるとは限りません。余裕をもったプランを立てたいのであれば、「年率7%」を、6%や5%に下方修正して計算したほうがいいかもしれません。

――いずれにせよ、長い目で見ないとダメですね。

複利運用の驚くべき効果

ところで、「年率7％」で、今、面白い話を思い出しました。ユダヤ系米国人の友人と一杯やっていた時、彼がファミリー資産の運用について語ってくれた話です。

――ファミリー資産とは、何ですか？

ファミリー資産というのは、ご先祖様から何世代かにわたって引き継いだような資産のことです。日本だと三世代相続すると相続税でかなりの部分を失ってしまうことになりかねませんが、その友人は、いわゆるタックスヘイブンと呼ばれる相続税がまったくかからない、あるいは限りなくゼロに近い国・地域に銀行口座を持ち、代々引き継いで運用しているそうです。特別な大富豪というわけでもなく、ユダヤ系の世界ではわりと一般的なことらしいです。

――そういう文化があるんですね～

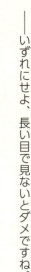

一世代を30年として、3世代で90年、それに10年足してキリよく100年としましょう。投資対象は先ほどから引き合いに出してきた外国株式インデックスのほか、米国債や金《きん》などさまざまですが、仮に「年率7・2％」の運用が、非課税で100年間可能だとします。年率7・2％というのは、複利運用で10年でちょうど資産が2倍になる利率です。当初の金額を100万円とすると、100年間で一体いくらになると思いますか？

——10年で2倍ですよね。ということは……？　ちょっと計算できません。

正解は100万円が100年で約10億円になります。あと10年手をつけないと110年で20億円、さらに10年の120年で40億円、80億、160億、320億、640億、1280億……。これをグラフで表すと図表4－2のようになります。

——最初の50年くらいは緩やかに増えていますが、80年を過ぎたあたりから、ものすごい勢いで増えていますね！

そう。これが複利の増え方なんです。

——時間をかければ、こんなふうにお金が増えていくのか～

あの相対性理論で有名なアインシュタインは、「人類が発明した最大のもの、それは複利である」という言葉を残しています。ちなみに彼もユダヤ人です。ユダヤ人の資産運用

（図表 4-2）100万円が年率7.2％のペースで増えると100年で……

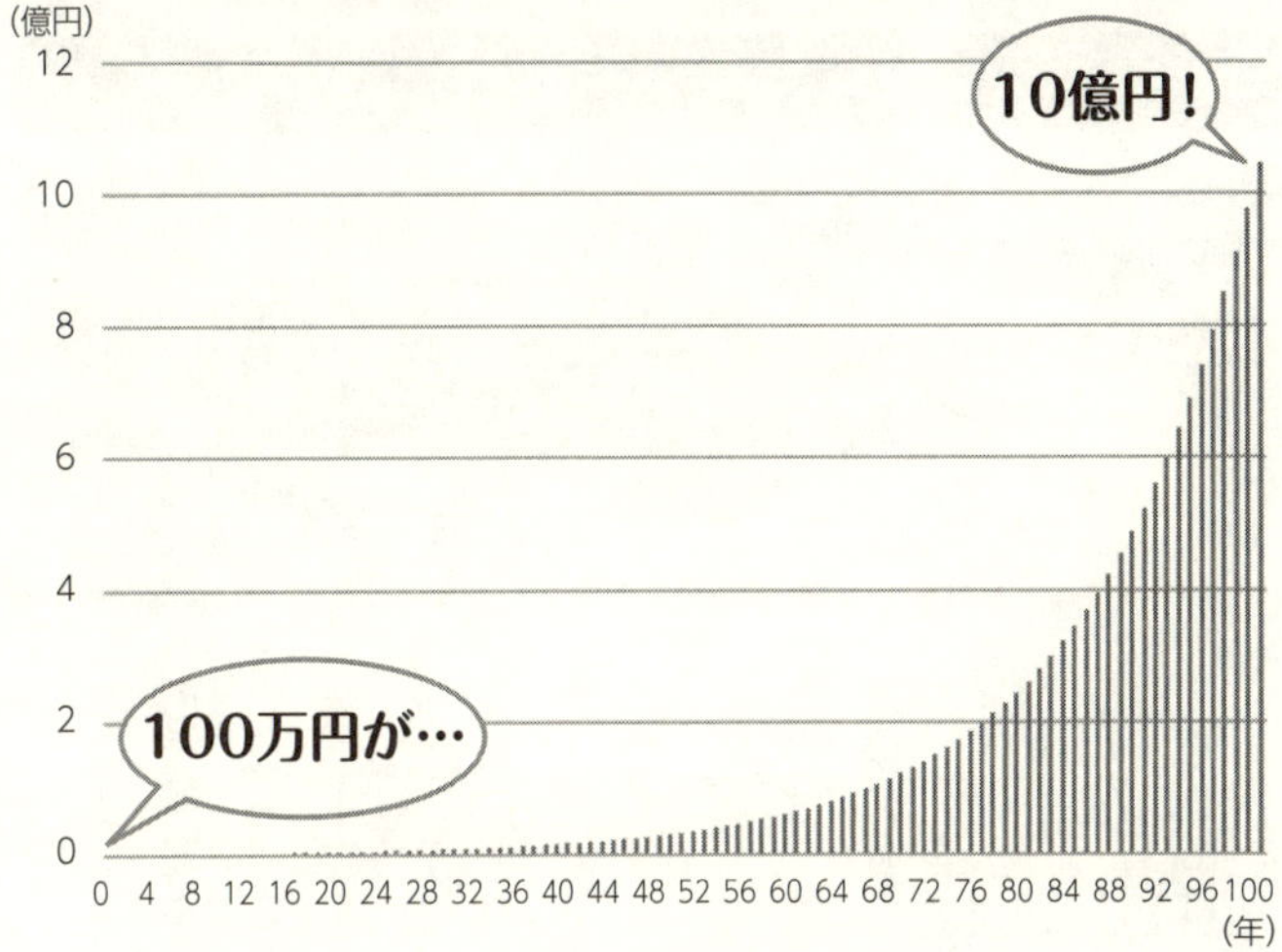

の時間軸の壮大さに、感激を覚えたのを思い出します。

――投資に対する考え方って、国によってこんなにも違うんですね。私にもファミリー資産があれば良かったのに。

ところで上地さん、「毎月1万円」だと「目標1000万円」作るには、27～28年かかってしまうことはわかったのですが、「目標2000万円」にした場合はどのくらいかかるのでしょうか？

金融庁の計算サイトで求めると、36年5か月。「目標1000万円」で試算した時と比べると、プラスであと8年ほど必要になります（図表4－3）。それでようやく、2000万円が作れますね。

――えっ、1000万円作るのに28年かかるのに、

（図表4-3）毎月1万円で2000万円を作るには

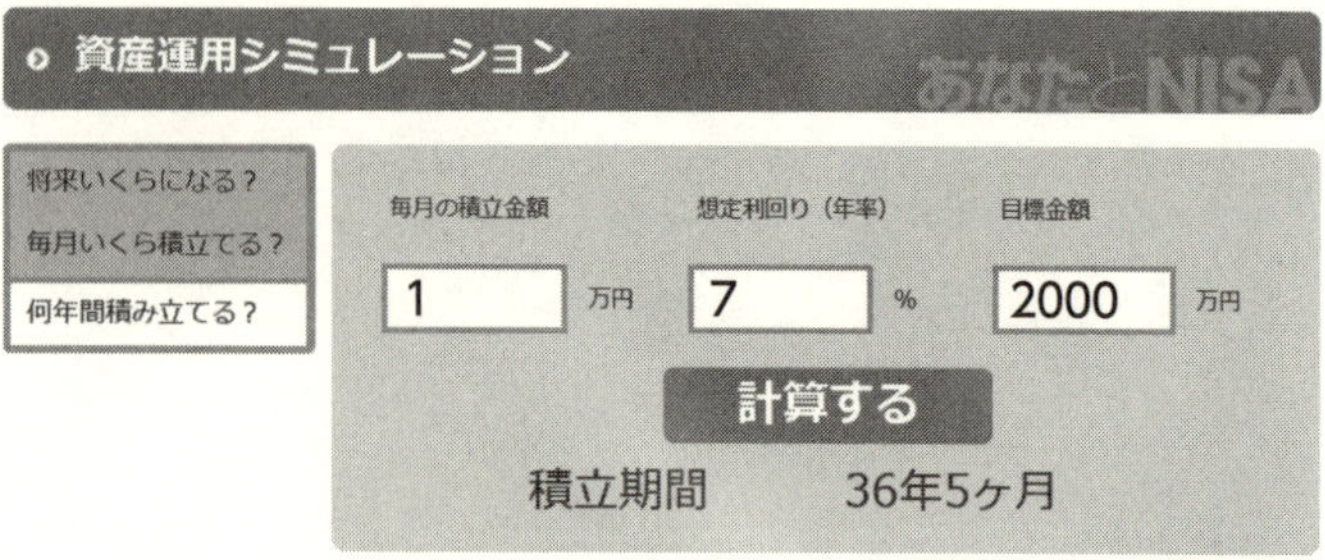

（出所）金融庁HP

もう1000万円作るのは「プラス8年」でいいんですか？ ずいぶん短いですね。

はい、これが複利の力ですよ。先ほどのユダヤ人のファミリー資産の話を思い出してください。最初は緩やかに増えていたお金が、ある時を境に、急激に増えていきましたよね。それと同じです。最初の10年間の積立投資で貯まった1000万円が、その後の複利運用の力で増えていくんです。

――なるほど。複利のパワーって本当にすごいですね！

では、実際に中村さんの分散積立投資を始めるにあたり、最後にもう一度、ゴール設定を確認しましょうか。

――はい。目的は、老後の備えとして。「外国株式インデックス・ファンド」を「毎月1万円」、65歳まで35年間の積立投資を続けることに決めました。

それでは、いよいよ長期・分散・積立投資のスタートです。

「つみたてNISA」と「iDeCo」はどう活用するのが得か

まずは、証券口座を作るところからです。投資信託を始めるためには、銀行、ゆうちょ銀行、証券会社のいずれかで証券口座を開設しなければなりません。中村さんの場合は、金融機関の担当者のアドバイスを必要としないので、ネット証券がおすすめです。

口座を開設する際に、つみたてNISAやNISA、iDeCo（個人型確定拠出年金制度）を使うか使わないかという決定が必要なので、まずはそこから決めましょうか。

——そうそう、上地さん。私、最近、つみたてNISAやiDeCoについてよく耳にするようになりました。この2つも積立投資ですよね？ これらはどんな内容で、どんなメリットがあるんですか？

それぞれの特徴を見てみましょう（図表4-4）。

——税金が免除されたり、所得が控除されたりするのは魅力的なメリットですよね！ 私の場合は、何を利用したらいいでしょうか？

「外国株式インデックス・ファンド」の「月1万円」であれば、「つみたてNISA」枠を使うのが一般的でしょうね。

とはいえ、ほかにもいろんな商品の選択肢があるので見てみましょう。

——「つみたてNISA」の商品はどこで確認できるんですか？

「つみたてNISA商品　金融庁」で検索すると、商品一覧が確認できますよ。

——わわ、インデックス・ファンドだけでも、たくさんありますね！　えーと、「たわらノーロード先進国株式」とか「iFree外国株式インデックス」とか、いくつも種類がありますよ！　どれを選べばいいんでしょうか？

基本的にどれでもいいです。

——どれでも？

はい、基本的には。つみたてNISAに選ばれている商品は合格ラインをクリアしていると思っていただいて結構です。

——基本的には、というのがちょっと引っかかるんですが……（笑）

つみたてNISAに選ばれた商品は、資金が純増していくことが予想されるので問題ありませんが、一般論として、残高の出入りが激しいものは避け、資金が純増しているものが理想的です。

——資金の増減と運用成績って関係があるんですか？

(図表 4-4) つみたてNISAとiDeCo

●つみたてNISAの特徴

・日本に住んでいる20歳以上の人なら誰でも利用できる制度。
・対象になる金融商品は、長期・分散・積立投資に適した株式投資信託と上場株式投資信託（ETF）に限定。
・１年に40万円までの投資信託への投資に対しては、その投資信託から得た分配金や、値上がりした後に売却して得た利益（譲渡益）に税金が、購入した年から20年間、免除される。通常なら20.315％の申告分離課税（所得税15％、住民税５％、復興特別所得税0.315％）がかかる。

●iDeCoの特徴

・自分で掛金を出し、自らが運用方法を選び、掛金とその運用益との合計額の給付を受ける私的年金制度。給付を受ける時に、税制上の優遇措置が受けられる。
・サラリーマン・公務員か、自営業者か、専業主婦かによって、毎月の掛金の限度額が違う。さらに同じサラリーマンでも、勤める会社に企業年金があるかどうかでも限度額が違ってくる。
・掛金は全額所得控除となり、そのぶんの税金が軽減される。

～iDeCoの月々拠出限度額～

個人事業主・自営
月額 68,000 円

企業型確定拠出年金のない企業の会社員
月額 23,000 円

企業型確定拠出年金に加入している会社員
月額 20,000 円

専業主婦（夫）
月額 23,000 円

（図表 4-5）つみたてNISAの外国株式インデックス・ファンド一覧

指定指数の名称又は指定指数の数	ファンド名称	運用会社
MSCI World Index (MSCI コクサイ・インデックス) = 外国株式インデックス	たわらノーロード　先進国株式	アセットマネジメントOne㈱
	たわらノーロード　先進国株式〈為替ヘッジあり〉	アセットマネジメントOne㈱
	iFree 外国株式インデックス（為替ヘッジあり）	大和証券投資信託委託㈱
	iFree 外国株式インデックス（為替ヘッジなし）	大和証券投資信託委託㈱
	〈購入・換金手数料なし〉ニッセイ外国株式インデックスファンド	ニッセイアセットマネジメント㈱
	野村インデックスファンド・外国株式	野村アセットマネジメント㈱
	野村インデックスファンド・外国株式・為替ヘッジ型	野村アセットマネジメント㈱
	外国株式指数ファンド	三井住友DSアセットマネジメント㈱
	i-SMT グローバル株式インデックス（ノーロード）	三井住友トラスト・アセットマネジメント㈱
	SMT グローバル株式インデックス・オープン	三井住友トラスト・アセットマネジメント㈱
	eMAXIS Slim 先進国株式インデックス	三菱UFJ国際投信㈱
	eMAXIS 先進国株式インデックス	三菱UFJ国際投信㈱
	つみたて先進国株式	三菱UFJ国際投信㈱
	つみたて先進国株式（為替ヘッジあり）	三菱UFJ国際投信㈱
	Smart-i 先進国株式インデックス	りそなアセットマネジメント㈱

（出所）金融庁HP

　ありますよ。たとえば、100億円の残高の投資信託があったとして、今月20億円の解約、翌月20億円の入金、次の月に20億円の解約……と繰り返した場合、ファンドの中で株式の売買によって証券会社に支払う手数料が発生します。そのぶんだけ投資信託の価格が減価しますよね。

――手数料が多く発生するぶん、成績に影響するということですね？

　はい。そこで、巻末に資金の増減を加味した推奨ファンドを掲載しておきますね。

――それはありがたいです！ ところで、つみたてＮＩＳＡには日本を含む世界株式インデックスはないのですか？

私も今回、じっくり見てみて気づいたのですが、MSCI-Worldをベンチマークにした世界株式インデックスが見当たりませんね。おそらく日本人は日本株式をメインに据える人が多いので、「世界株式インデックス」だと日本株がかぶってしまうと考えたからだと思います。先にも触れましたが、長期の積立投資を行うのであれば、特段、日本株式を組み入れなくてもよろしいのではないかと思います。

――わかりました。それでは、日本株を含まない「外国株式インデックス」にします。しかし一覧表を見ると、同じ外国株式インデックスでもいろいろな運用会社があってどれを選んでいいのかまた迷ってしまいますね。どこの運用会社がいいですか？

どこでもいいです。

――どこでも？

はい、どこでもいいです。実は、私が中村さんにインデックス・ファンドをすすめた理由はここにあります。

今一度、最初の外国株式インデックス・ファンドの投資先を思い出してください。アメリカを中心とした先進国22か国の上場企業に決められた比率で投資されていましたよね。それは運用会社が異なっても同じように投資されているので、運用成績はほとんど同じになるわけです。つまり、商品選択による優劣が生じないということです。

また、この一覧表に選ばれた商品群は、手数料も抑えられたものばかりになっていますので安心して選べるようになっています。アクティブ・ファンドだと商品選択の優劣、商品を選別するスキルが求められますが、インデックス・ファンドにはそのスキルがいらないし、ファンドの優劣による運・不運の差がなくなる。これが中村さんにインデックス・ファンドをすすめた一番の理由です。

――そうなんですね。あと一つ、一覧表のこの「為替ヘッジあり・なし」って何ですか?

外国株式インデックス・ファンドの場合、投資対象は日本ではないアメリカを中心とした外国の株式でしたよね。ということは、通貨は米ドルを中心とした外貨ということになります。中村さんが投資した1万円は、まずは円から外貨へ、そして売却する時はドルから円へ再び戻ることになります。当然ですが、その期間の為替変動の影響を受けるようになります。ヘッジありとは、その為替変動リスクを回避する仕組みがある、ということです。

――私は、為替リスクを回避したいので、ヘッジありにしたいと思います！

けど、為替ヘッジコストがかかりますよ。そのぶん、コストが発生し運用成績に影響を与えます。コストを保険料として為替ヘッジを避けるか、それとも為替ヘッジをかけないで為替変動を受け入れるか？　為替リスクについて、もう少し説明を加えますと、円高になることがリスクですが、円安になると運用成績にプラスに働くことはおわかりですよね？

――ちょっと待ってください。円高って、たとえば1ドル＝108円として、108円が110円になるのは、円が高くなるってことですか？

逆ですね、中村さん。それは円が安くなるということです。1ドルと交換するのに108円でよかったのが、110円必要になるというのは、円の価値が下がったということですよね？

――あ、たしかに。で、為替ヘッジありだと、今後円安になるか、円高になるかは関係ないけど手数料がかかってしまう。為替ヘッジなしだと、円高になるとマイナスに働いて円安になるとプラスに作用するということですね。それで、上地さん的には、為替ヘッジあり・なし、どちらがおすすめなんですか？

これも長期の積立投資での運用であれば、断然ヘッジなしがおすすめです。長期でヘッジコストを取られ続けるよりも、積立投資のところで価格変動が運用成績にプラスに作用することを学んだように、為替変動にも積立効果が働くわけです。それに、個人的にはですが、超長期では円安に向かうのではないかと思います。

——多少のリスクを背負っても、為替ヘッジなしのほうがいいような気がしてきました。「外国株式インデックス」の「為替ヘッジなし」で決めたいと思います。つみたてNISAについては、これでなんとなくわかったと思います。それでは、もう一つのiDeCo（個人型確定拠出年金制度）はどうなんでしょうか？

中村さんは現在収入があるので、所得控除を使えるiDeCoは節税のメリットがあります。しかし、iDeCoは原則、60歳まで解約ができないというデメリットがあるんです。その点についてはどうでしょうか？

——上地さん。私、貯金ができないタイプの人間なので、「60歳まで解約できない」というのはむしろメリットなんですよ。いつでもほいほい解約できたら、絶対に使っちゃいます。

では、iDeCoでやるのがいいかもしれませんね。それでしたら、国民年金基金連合会の「かんたん税制優遇シミュレーション」を使って、どれくらいの節税効果があるかを

（図表 4-6）iDeCoによる節税シミュレーション（国民年金基金連合会）

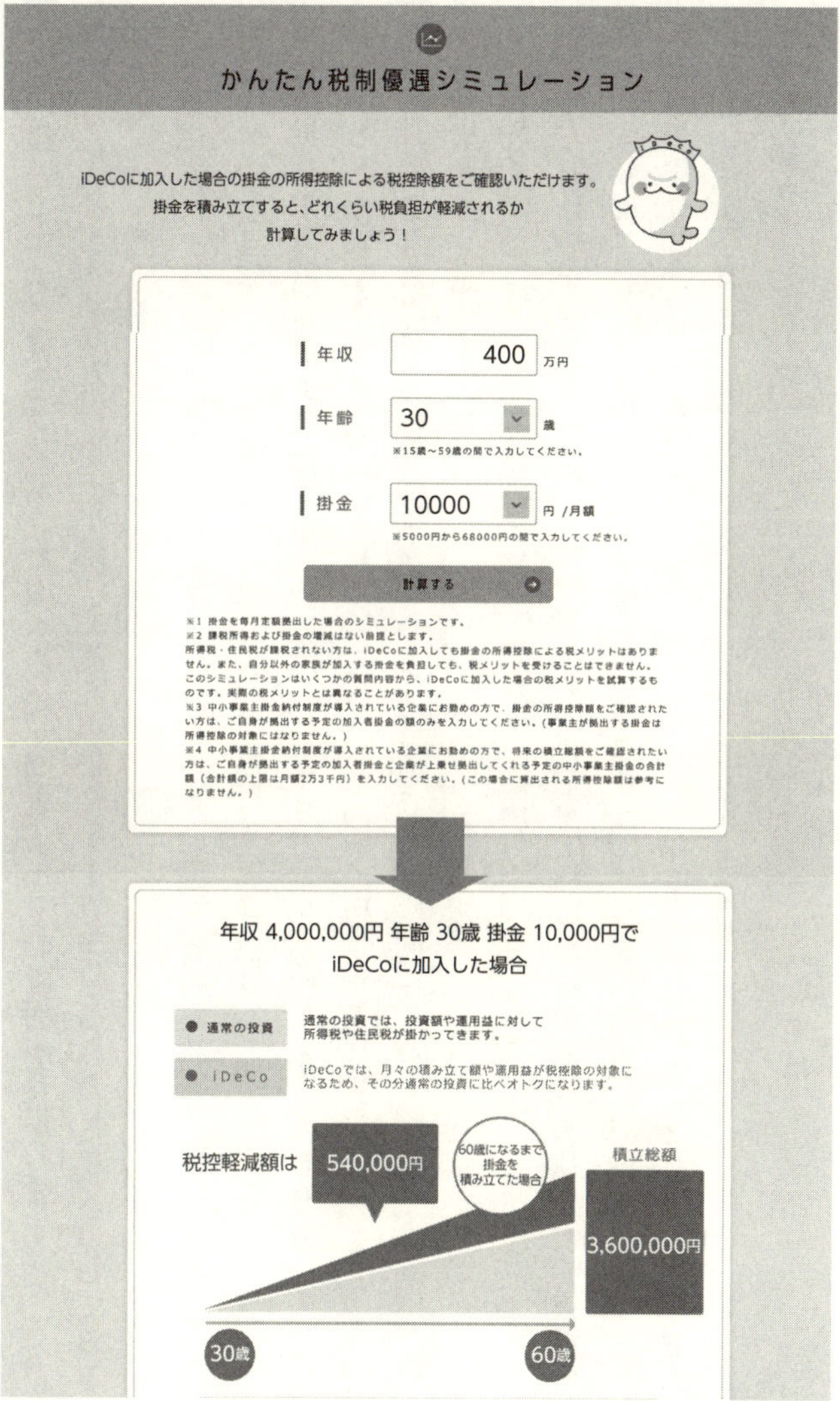

（出所）国民年金基金連合会HP

見ると面白いですよ。検索エンジンで調べると、図表４－７の画面が登場します。仮に、「年収↓４００万円」、「年齢↓30歳」、「掛金↓１万円」の３項目を入力してみると……

――簡単に計算できるんですね～。今のように入力した場合、毎月1万円を30年間積み立て続けると、「1万円」×「12か月」×「30年間」＝「360万円」が貯まるわけですね。

はい。毎月１万円の掛金だと１年で12万円、つまり、毎年の収入が「４００万円」ではなく「３８８万円（＝４００万円－12万円）」になるので、所得税と住民税が「３８８万円」に対して課税されるので、減税効果が生じます。それが30年間になると、総額で「54万円」の減税効果という意味ですね。

――「360万円」っていうのは何パーセントの利率で運用した場合ですか？

もちろんゼロです。「ｉＤｅＣｏ」で選べる商品の中には銀行預金もあります。銀行預金を選択すれば「３６０万円」に近い金額になりますが、中村さんの場合、外国株式インデックスを選択すれば、毎月１万円を30年運用できるので、年率７％だと「１２２０万円」、６％だと「１０００万円」、５％だと「８３２万円」になります。

――ですよね。安心しました。

さらに54万円が本来取られる税額よりも少なくなっているからありがたい制度ですよね。実際には、54万円の現金が戻ってくるわけではないので、減税効果の実感は湧かないかもしれませんけどね。お得であることは間違いないです。

――どうやって申し込めばいいのですか？

「iDeCo」という税額控除の制度自体は国によるものですが、サービスは各金融機関でそれぞれに運営されています。自分の好きな金融機関ごとに選択できる商品が異なるので、まずはそこから調べてください。中村さんであれば「外国株式インデックス・ファンド」が含まれているかを調べて、その取扱金融機関で口座開設する必要があります。すべてを調べたわけではありませんが、「外国株式インデックス・ファンド」がメニューにない金融機関はないとは思いますが。

――つみたてNISAもiDeCoも、どちらも捨てがたいメリットですね～。両方やってみる、という選択肢ってあるのでしょうか？　たとえば、老後資金はiDeCoで作って、預金する気持ちでつみたてNISAを使うとか？

それはありだと思います。60歳までは下ろせないが所得控除がある、所得控除はないけれどいつでも解約できる。おっしゃるとおり、分けてやるという選択肢もあると思います。

――なるほど。

ちなみに、「つみたてＮＩＳＡ」の場合は、選択できる商品があらかじめ決められているので、それ以外の商品でやりたい場合は、それとは別に「ＮＩＳＡ」という本来の非課税投資優遇税制がありますので、こちらを使ってください。ＮＩＳＡでは年間で１２０万円、月に10万円以内の積み立てができますので、もしこだわりのファンドがあるような人は「ＮＩＳＡ」の枠を使えばいいと思います。

ただし、「ＮＩＳＡ」と「つみたてＮＩＳＡ」は併用できないので、その点は注意しましょう。

証券会社、銀行、ゆうちょ銀行、それとも……どこでどう口座を開くか

――私、あらゆる事務手続きが苦手なんですけど、投資信託もすんなり申し込めるか、今から心配ですね〜。特に、投資を始める手続きって、すごく難しそうです。

その点についてはご安心ください。昔は手続きがものすごく煩雑で、かつ時間もかかるものでした。しかし、今はそんなことはありません。結構簡単になっています。

(図表 4-7) 口座の開き方

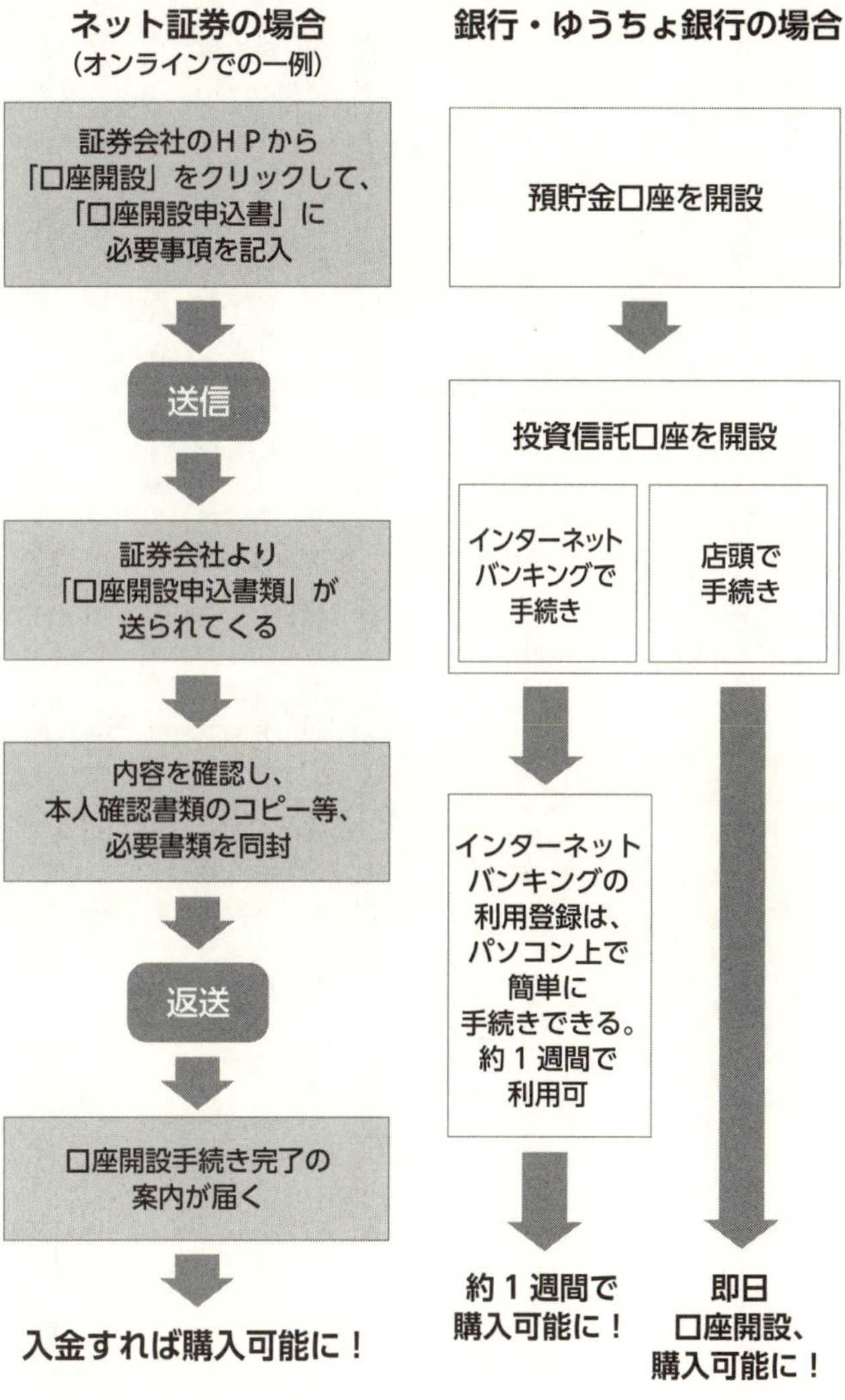
ネット証券の場合
(オンラインでの一例)
証券会社のＨＰから
「口座開設」をクリックして、
「口座開設申込書」に
必要事項を記入
送信
証券会社より
「口座開設申込書類」が
送られてくる
内容を確認し、
本人確認書類のコピー等、
必要書類を同封
返送
口座開設手続き完了の
案内が届く
入金すれば購入可能に！
銀行・ゆうちょ銀行の場合
預貯金口座を開設
投資信託口座を開設
インターネット
バンキングで
手続き
店頭で
手続き
インターネット
バンキングの
利用登録は、
パソコン上で
簡単に
手続きできる。
約１週間で
利用可
約１週間で
購入可能に！
即日
口座開設、
購入可能に！

ネット証券であれば、パソコンと郵送で開設手続きができます。わざわざ店頭に足を運ぶ必要もありませんし、24時間申し込みができるようにもなっています。

――パソコンで手続きできるなら、すぐにできちゃいますね。

投資信託を始められるまでの流れを、ざっくり説明しますね。

まず、ネット証券のホームページにアクセスして、「口座開設」をクリックします。申し込みフォームに必要事項を入力して、口座開設申込書を請求し、書類が届いたら、本人確認書類などと一緒に返送するだけ。手続きが完了すると自宅に「口座開設手続き完了の案内」が届きます。

「口座開設手続き完了の案内」には、口座番号・パスワードなどが記載されていて、これで会員ページにログインできます。あとは指定口座に入金して、取り引きの準備は終わりです。どうです、簡単でしょう？

――思ったより、手間がかからないんですね！

ネット上での申し込みの場合、口座開設申込書を請求してから、口座が開設されるまでに1週間程度かかります。一方、店頭での手続きができるなら、その日からスタートすることが可能なので、一刻も早く始めたいという人は、店頭のほうがいいかもしれません。

銀行やゆうちょ銀行の場合は、投資信託口座を開設することが必要です。それにはまず、銀行は普通預金口座を、ゆうちょ銀行では通常貯金口座を開かなければなりません。その際、印鑑と本人確認書類、マイナンバーも必要です。

――すでに口座を持っている時はどうしたらいいんですか？

その場合は、通帳と届出印が必要になります。窓口で手続きがすべてすんだら、即日口座開設・ファンドの購入が可能です。

ほかにも、銀行のインターネットバンキングを利用すれば、ネット証券と同じようにオンライン上で手続きすることもできます。

――私はネット証券にしようかなと思いました。窓口に行かずに手続きできるので、帰ったらできますよね。

そうですね。ご自身が最もやりやすい方法で、開設するといいですよ。

――今のところ、ネット証券で口座開設をして、外国株式インデックス・ファンドで毎月1万円の積立投資を始めようと思っています。一応の確認ですが、ほかにも選択肢はありますか？　もちろんゴールは、65歳までに2000万円～3000万円作ることです。

2つの方法を紹介しておきましょう。一つは、直販タイプの運用会社から直接購入する方法です。
主なところに、セゾン投信、コモンズ投信、鎌倉投信、ひふみ投信、さわかみ投信などがあります。原則として販売会社を経由しないために、一般的なアクティブ・ファンドよりも手数料が低く、運用に関わる人の顔が見える（運用者によるセミナーを開催）ので安心感があるのかもしれません。

――直販タイプの運用会社ですが、外国株式インデックス・ファンドを運用しているのですか？

いいえ、ほとんどが日本株のアクティブ・ファンドを運用・販売しています。セゾン投信だけが、外国株式インデックスを含めたポートフォリオ分散型のインデックス・ファンドの運用・販売を行っています。
投資信託の残高ベースで見る限りはまだまだメジャーな存在とは言えませんが、熱心なファン層によって長く支持されています。勉強会で長期の積立投資をすすめられますので、お客様のほとんどは一括投資ではなく積立投資で運用しています。そのために、直販運用会社の顧客の収益率を銀行や証券会社と比べると、利益が出ている顧客の割合が圧倒的に高いです。

――儲かっているお客さんが多い金融機関、逆に損している人が多い金融機関、そんなことまでわかってしまうんですか？

はい。ＫＰＩ（Key Performance Indicator）と言いまして、定期的に発表されるようになりました。ここの銀行のお客さんの何％が利益を出し、何％が元本割れを起こしているかなんてことがわかってしまいます。

――金融機関にとっては恐ろしい指標があるもんですね。逆に私のようなお客の立場からすると、ありがたい指標ですね。

ただ、指標をとるタイミングによって数値が変わる可能性がありますので注意が必要です。ある時に1位だったとしても、その後の市場動向によってかなり変動する場合があります。そんな中でも、積立投資の割合が多いところは、だいたい上位に位置しているように思います。たとえば、ベスト3常連のセゾン投信のお客様は、全体の65％が積立投資を継続されています。特に、最近ではお客様の95％が積立投資で、50％が女性顧客とのことです。積立投資は女性の方に支持されやすい投資手法なんでしょうね。

――積立投資は市場の動きにハラハラドキドキしなくてすむので、私のようなビビリにはぴったりの運用です。運用成績よりも積立投資の割合のほうが重要なんですね。

はい、もちろん運用成績の影響も大きいのですが、それよりも口座に占める積立投資顧客の割合のほうがＫＰＩに与える影響度は大きいと思います。

——それだから、私にも積立投資をすすめてくれているのですね。直販運用会社のセミナーで勉強だけさせてもらうということはできるのでしょうか？

それぞれに問い合わせていただくといいかと思いますが、無料でやっているように思います。いずれの社長さんも存じ上げておりますが、どのセミナーに参加されても大いに勉強になると思います。

——ありがとうございます。ネットでセミナー情報を調べてみます。もう一つの方法は、どんな投資ですか？

ロボットアドバイザーです。

——ロボットがアドバイスをしてくれるんですか？

やはり直販運用会社に分類されますが、ロボットというだけあって人が運用するのではなく、スマホやパソコン上でいくつかの簡単な質問に答えると、自分に最適なポートフォリオが算出され、それをこれまで勉強してきた「長期・分散・積立」方式で運用することが可能です。スマホで簡単に最適ポートフォリオを算出、そのまま申し込めば、毎月その比率でＥＴＦというインデックス・ファンドの一種を自動積み立てしてくれる『ウェルスナビ』や、『テオ』といったロボットアドバイザー（ロボアド）があります。

――最適な運用方法をAI（人工知能）が自動で選出してくれるんですね。まさに、近未来。

いや、AIではないのですが、5つとか7つとかの質問に答えると中村さんのポートフォリオはこれです！　って出てきます。もし運用を始めたければ、毎月の積立額を入力してすぐにそのまま始められるようになっています。口座開設が従来の金融機関に比べると超簡単なのも大きな特徴です。若い人たちを中心に、これから伸びる資産運用のあり方だと思います。従来型の金融機関ではなく、テクノロジー系企業による資産運用のイノベーションが始まったところです。資産運用も面白い時代になりそうですね。

1000円からの積立シミュレーションで見えてくるお金を増やす鉄則

――ところで上地さん、途中で投資額を変えるのもありですか？　ずっと1万円払い続けられるかわからないし……

であれば、まずは1000円から始めてはいかがですか？　老後はまだ先で、確実なゴール設定を見据えていない、投資をしたことがなくてまだ少し不安があるという30歳の中村

（図表 4-8）外国株式インデックスに35年間、月1000円を投資した場合

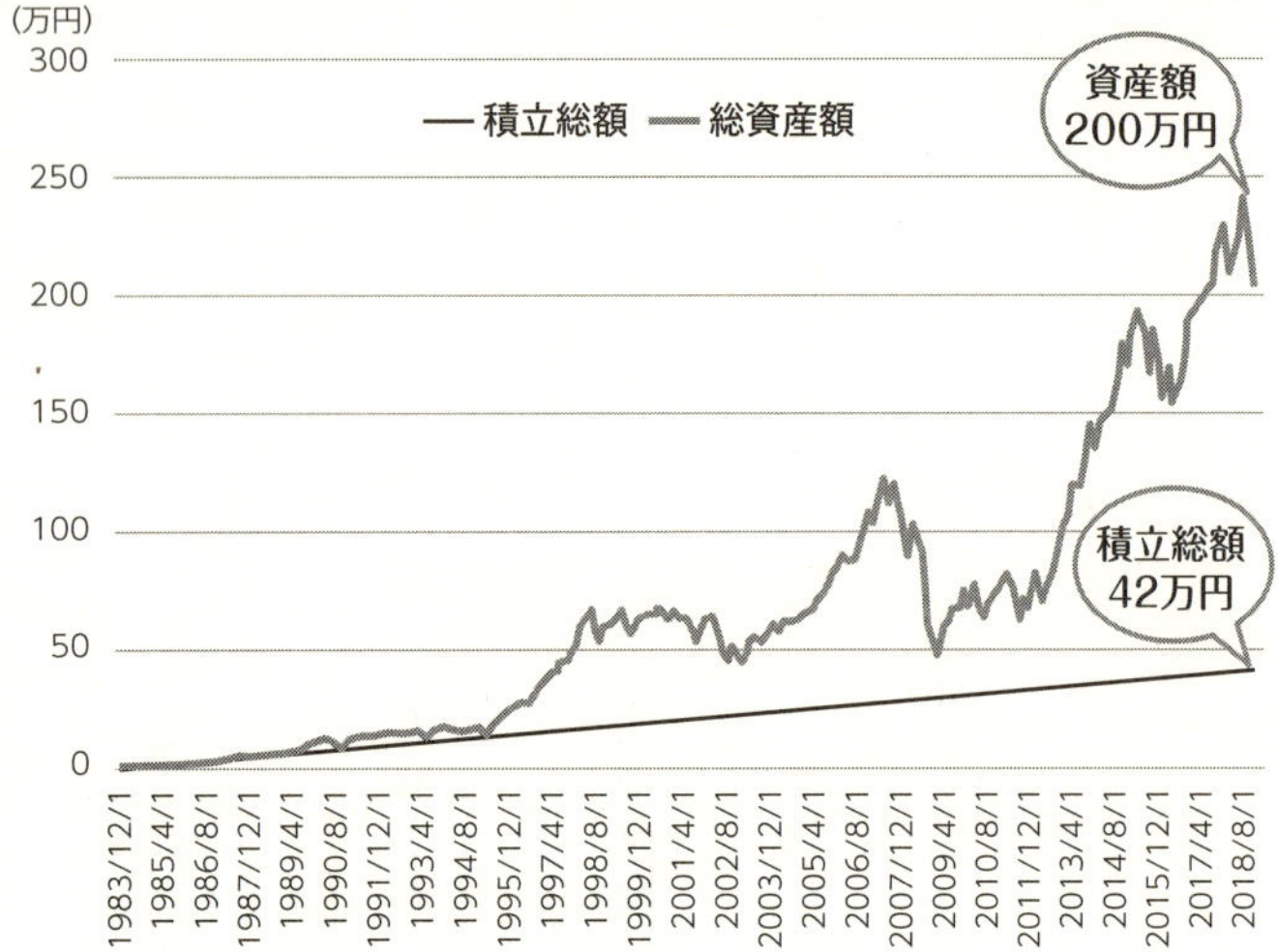

さんなら、１０００円から分散積立投資をするというのも十分ありだと思いますよ。

１０００円の積立投資だとどんな運用成果を得られるか、シミュレーションしてみましょうか？

――１０００円投資だとどうなるのか、とても気になります。お願いします！

では、１０００円を外国株式インデックスに35年間投資した場合を見てみましょう。

過去の実績からいけば、35年で積立総額は42万円で、資産額は２００万円をちょっと超えた金額です。やはり、月額１０００円では、そもそもの積立総額が42万円ですからね、ちょっと少ないですよ（図表４－８）。

――いくら複利がすごいとはいえ、１０００円と

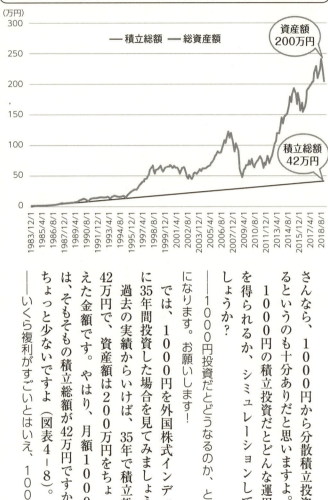

(図表 4-9) 投資額を段階的に上げていった場合

※最初の10年が月1000円、次の10年が1万円、最後の15年が3万円

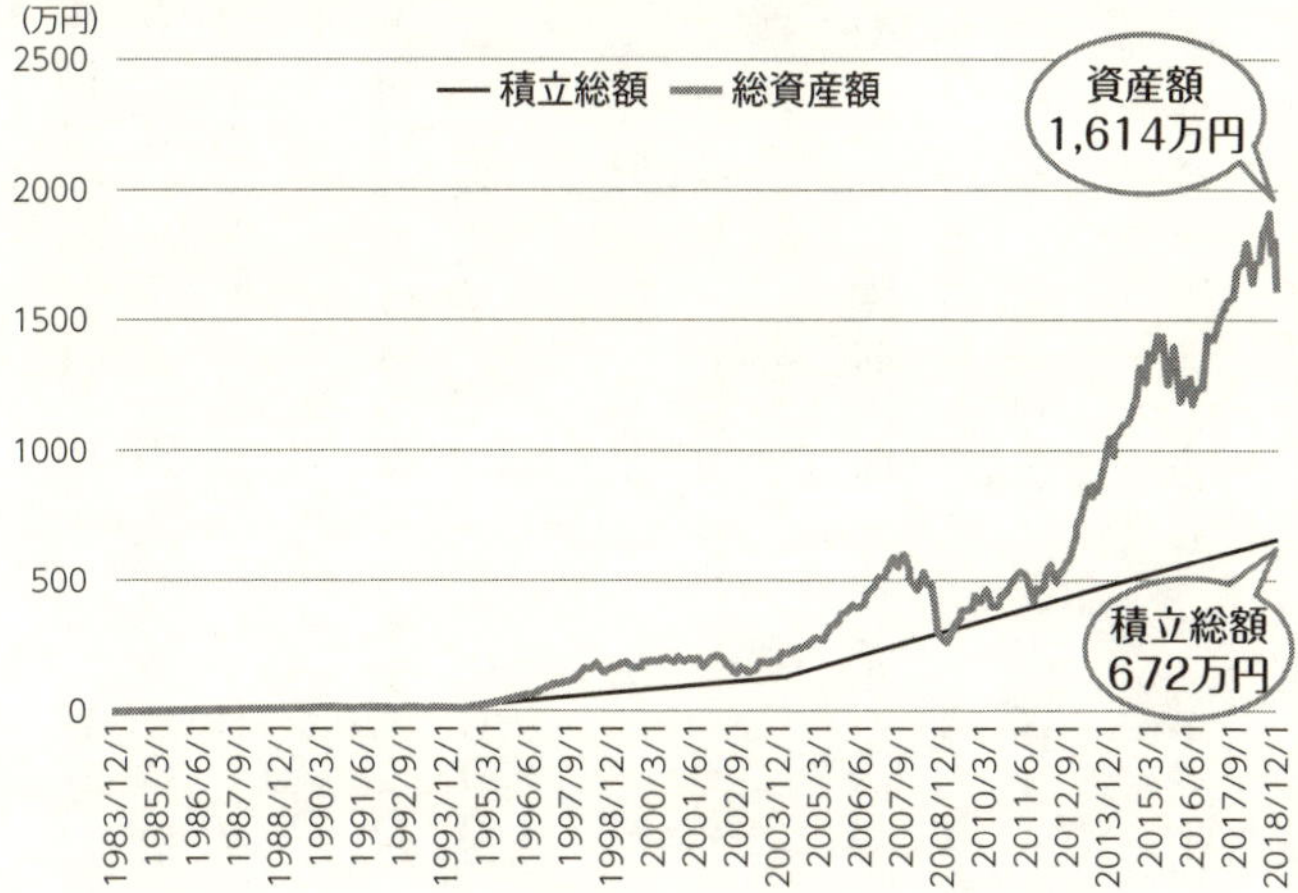

いう小さい金額だと、そこまで大きなお金にはならないですね。

それでも、もしこれが預金だったら、1000円×12か月×35年＝42万円＋金利にしかなりません。200万円と42万円を比較したら雲泥の差ですよ。重要なのは、最初の一歩を踏み切れるかどうかなんですよ。

――たしかに、預金と比べたら、まったく違う結果ですね～。では、最初は1000円で始めて、徐々に投資額を増やしていった場合はどうなりますか？

いいですね。シミュレーションしてみましょう。

最初の10年間は1000円、投資への抵抗がなくなった次の10年は1万円に上げて、残

り15年間はさらに3万円に上げて積立投資をしたとします（図表4−9）。

積立総額が672万円で、総資産額は35年後には1614万円になっています。

——おお〜、すごい。最初の10年が1000円でも、こんなに増えるんですね！

このグラフを見てやはりお気づきになられるかと思いますが、最初の12−13年くらいは、直線と折れ線がほぼ重なっていますよね。複利効果が働き出すのは時間が経過してからということに加えて、積立金額が1000円と小さいためにほとんど効果が目に見えませんね。

——そうなんですね。でもやはり、積立投資は早くから始めるに越したことないですね。では、上地さん、これ、逆だったらどうなるんでしょう？　現実的ではないかもしれませんが、最初に高くして、それから徐々に下げていくっていうパターンです。

いやいや、現実的にある話じゃないですか？　結婚した当初の子どもがいなかったり、まだ小さくて教育費がかからないうちは多めに積立投資に回して、教育費がかかり出したら、投資額を下げていくというのは。

——たしかに。

では、最初の10年が3万円、その次の10年が1万円、その後の15年が1000円でシミュ

（図表4-10）毎月3万円の積み立てから段階的に金額を下げた場合

※最初の10年が月3万円、次の10年が1万円、最後の15年が1000円

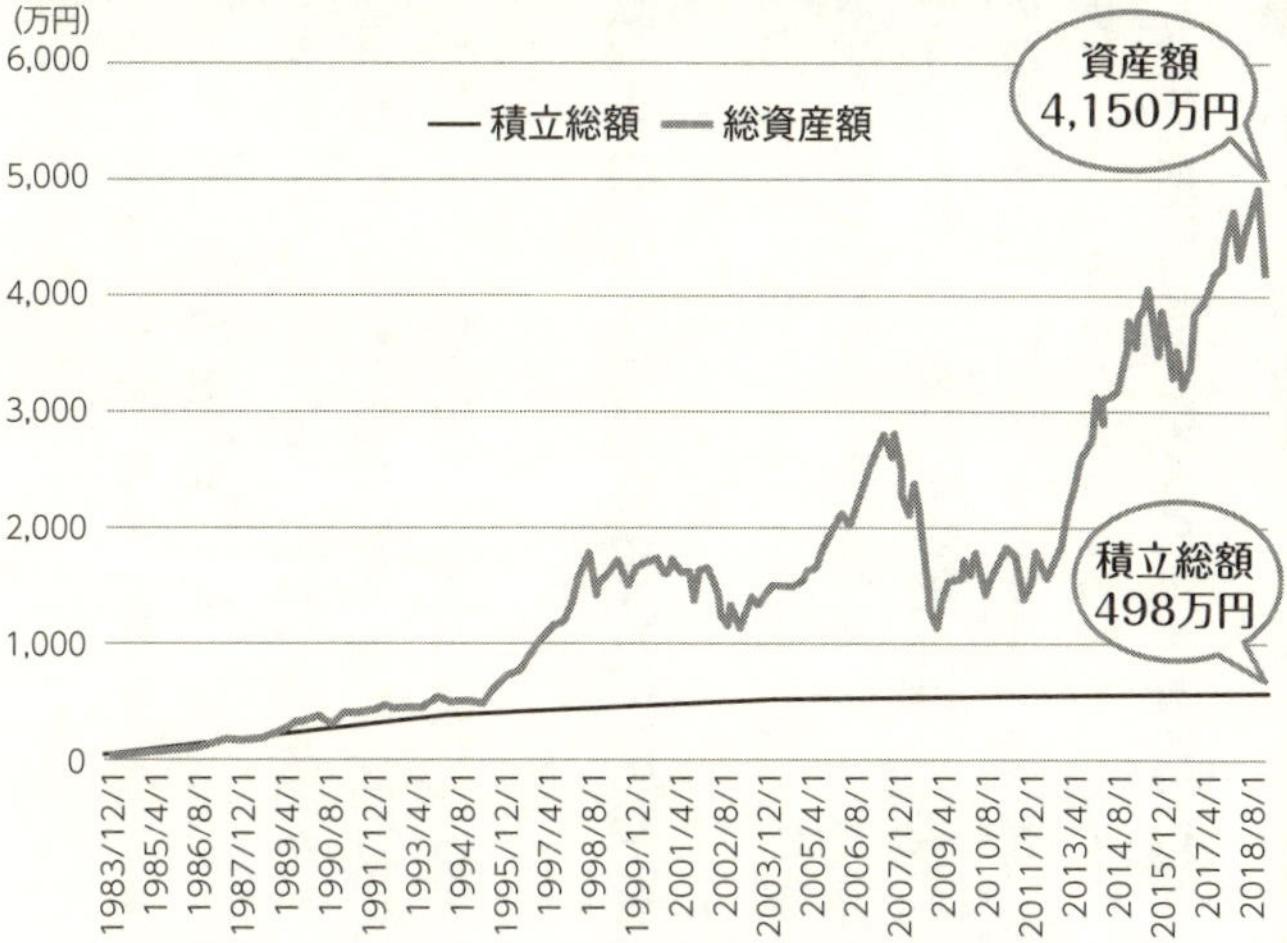

レーションしてみましょう。

中村さん、なんと大変な結果が出てしまいました。積立総額は４９８万円（先の例では６７２万円）に対して、35年後の総資産額はなんと４１５０万円（先の例では１６１４万円）になっていました。

――これって、どう解釈したらいいんですか？

まず積立総額が減っているのはわかります。３万円を積み立てた期間が15年間だったのが10年になりましたからね。けど、35年後の結果がここまで大きな開きが生まれるのが驚きです。

１６１４万円と４１５０万円ですからね。

しかも、投資金額が少ないときている。

――上地さん、これまでだてに勉強してきたわけではありません。私に答えさせてください。

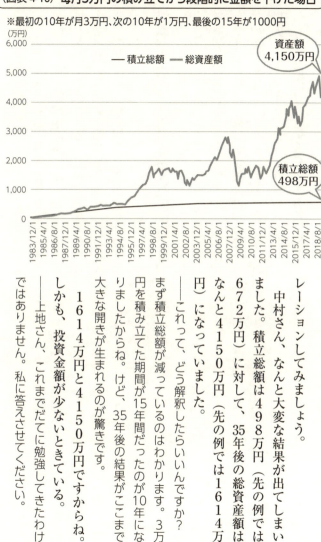

はい、どーぞ。

——複利効果ですよね。最初に多くの金額を投資しているほうが有利ということですよね。

正解です。中村さん的には、最初は少なく、余裕が生まれたら金額を増やしていこうと思ったんでしょうけど、実はその逆をやったほうがいいということですね。

——要は、積立投資を始めるなら可能な限り早いほうがいい、可能な限り金額は大きいほうがいいですね。やはり1000円ではなく、最初から1万円でがんばりたいと思いました。

収入の10％を積立投資に回したら……

——なんだか、今のシミュレーションを見ていたら、勇気が出てきますね。もっとやってもいいんじゃないかという気もしてきました。

そうであれば、最初から収入の10％でやってみたらどうなるか見てみましょう。中村さんの収入を仮に30万円とします。そのうちの10％、3万円を積立投資にあてていくことにしましょう。するとどうなるでしょうか。

——35年間積み立てていくと……3万円×12か月×35年＝1260万円が、約6000万円になって

（図表 4-11）外国株式インデックスで35年間、毎月3万円を積み立てた場合

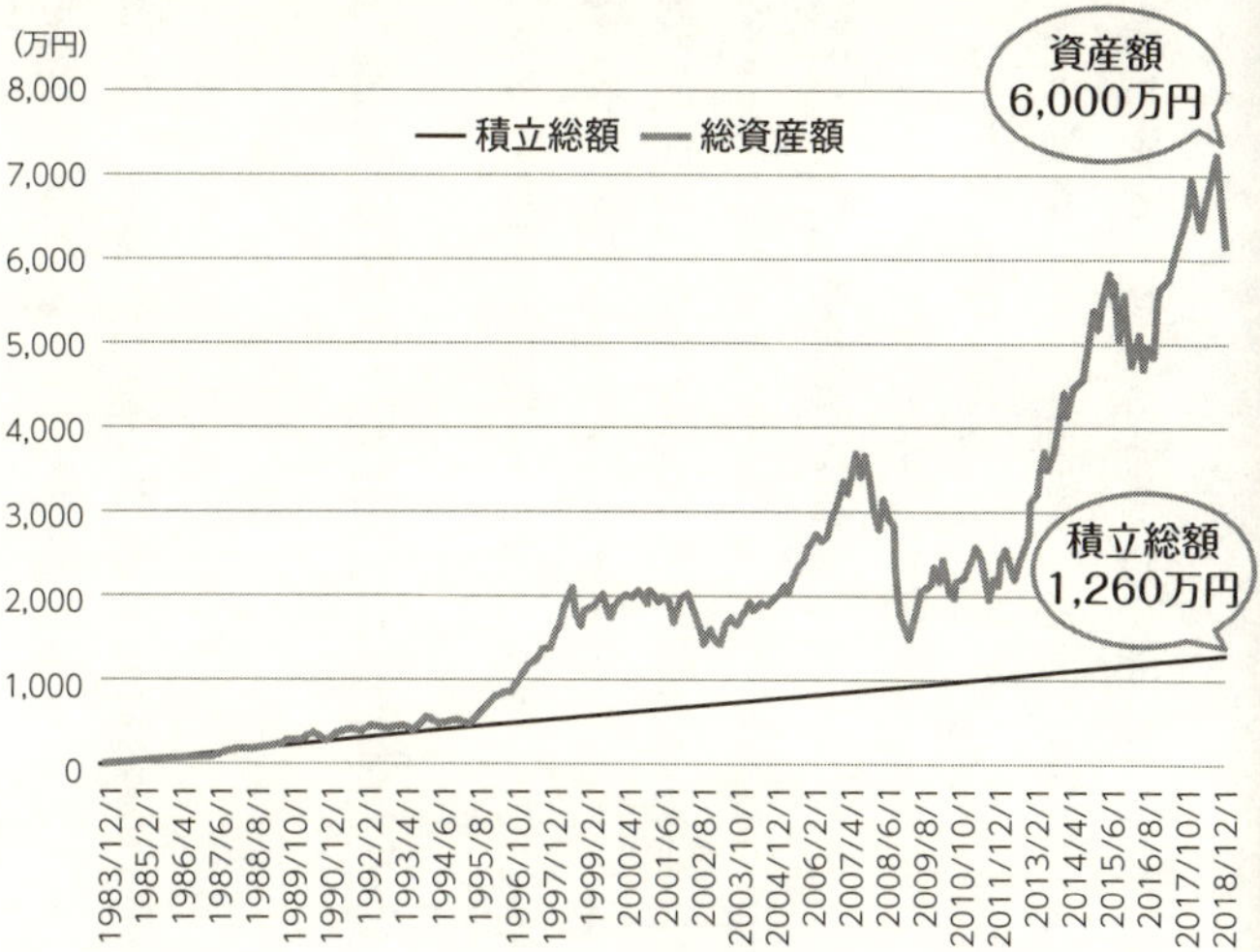

ます！

しかも、元本割れを起こしている期間がほとんどありません。

――6000万円か～。シミュレーションですけど、考えるだけでワクワクしてきますね。

特別なことは何もしてないんですよ。ただ、外国株式インデックスの積立投資をするという仕組みを作って、黙々と続けるだけ。積立投資でやることって、本当にそれだけなんです。

――やはり、できるだけ早く、若い時は多少厳しくても、できるだけたくさんの金額を投資にあてたほうが、将来的には楽になるんですね。

お金は意識しないと貯まりません。最初からなかったものとして、口座から毎月自動で

引き落とされるくらいの強制力があってもいいかもしれません。余ったら貯めていくやり方では、永遠にお金を作ることはできないと思います。

――はい、すごく耳が痛いです……

退職金などまとまったお金が入った人は「分割投資」が得策

これから積立投資をしようとしている人の中には、退職金などで、すでにまとまった資金を持っているという人もいるかもしれません。中村さんも、この先大きなお金を手にする可能性が、ないとは言い切れませんよね。

――そうですね。何かの間違いで、そんなことが起きたらいいなと思っています。

たとえば、中村さんに今、1000万円の臨時収入が入ったとします。それを資産運用するとしたら、どのように扱いますか？

――まとめて全部、投資に突っ込んで大きな利益を出したいところですが、ダメなんですよね。

その通りです。まとまったお金がある人も、これまで説明してきておわかりの通り、一括で投資せずに、分割で投資することが必須です。1000万円を運用するのであれば、月8万円ずつ、10年に分割する（8万円×12か月×10年＝960万円）などとしたほうがいいです。私はこれを「積立投資」に対して「分割投資」と呼んでいます。

——まとまったお金がある人は「分割投資」、まとまったお金がない人なら「積立投資」をすればいいんですね。

そうです。

——いずれにしても、一気にドーンと投資してはいけない、ということですね。

はい。たしかに過去の実績からすれば、外国株式インデックスは10年で2倍程度のペースで上昇してきました。それだったら一括でも、と頭をよぎる気持ちはわかります。しかし、最近でも2018年の年末に3か月で25％の急落となり、1000万円ならば250万円の損失が生まれています。

——それはかなり凹みますね……

ですよね。分割・積立だと平均的には10年で2倍とはなりませんが、もう少し時間をかけてあげれば2倍以上にもなります。一括投資のようにハラハラドキドキすることなしにね。

——はい。よくわかりました。

4章のポイント

□投資を始める前に「ゴール設定」をしておこう。

□「つみたてNISA」と「iDeCo」を賢く使おう。

□早く始めるほど、初期の投資額を高くするほど、複利効果が効いて、お金が大きく増える。

□退職金など、まとまったお金が入った人は「分割投資」に。

5章

老後資金2000万円が無理なく作れる、ほったらかし運用術

——「何に投資するか」なんて迷わなくていい。選ぶべきはこの2本！

複数のファンドを組み合わせると、より可能性が広がる

さて、ここまで主に外国株式インデックス1本で説明してきました。でも、最初に説明したように、投資信託には数多くの種類があります。

すべての種類を押さえる必要はありませんが、次の「基本8資産」だけは覚えておいてください。

①日本株式インデックス
②日本債券インデックス
③外国株式インデックス（先進国。日本を含まない）
④外国債券インデックス（先進国。日本を含まない）
⑤新興国株式インデックス
⑥新興国債券インデックス
⑦J-REIT《リート》インデックス

⑧世界リートインデックス

――株式や債券、リート（不動産）など、いろいろありますね。

はい。これらを効率的に組み合わせることで、全体のリスクやリターンをコントロールすることができます。組み合わせの妙というやつです。それぞれの金融資産をどういう割合で保有するかを、「ポートフォリオ」と言いますので覚えておいてください。

――上地さん、この8本のインデックス・ファンドはどこの金融機関でも手に入るものなんですか？

はい、普通はどこの金融機関でも品揃えしているかと思います。最低でも①～⑥までの6資産は用意されているはずです。

――この8種類を押さえておけばいいんですね。

はい。この8資産を使えば、世界の年金基金とほぼ同じような資産配分ができてしまうんです。

たとえば、図表5-1のポートフォリオは標準的な海外の年金基金のポートフォリオです。次のような比率で、世界年金基金ポートフォリオの完成です。

③外国株式インデックス：40％
④外国債券インデックス：20％
⑤新興国株式インデックス：20％
⑥新興国債券インデックス：10％
⑧世界リートインデックス：10％

（図表5-1）
海外年金の標準的なポートフォリオ

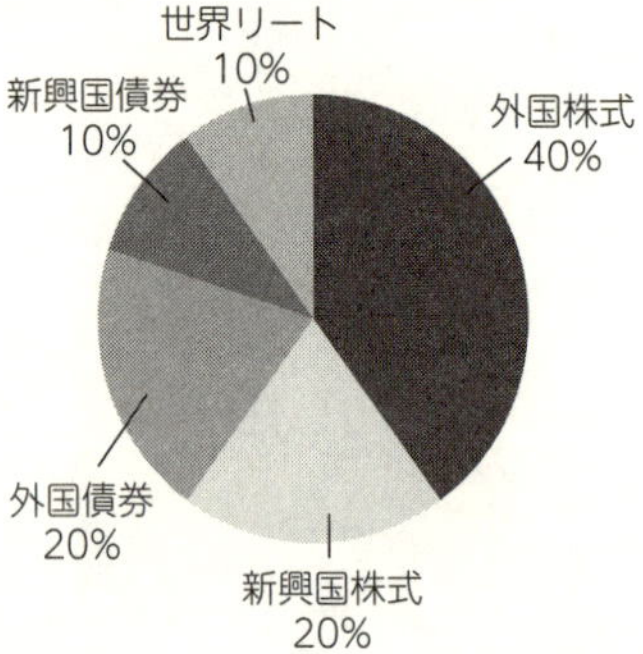

——すごいですね〜。自分で世界の年金基金と同じような運用ができてしまうんですね！　ところで、私はこれまで「外国株式インデックス・ファンド」1本で決め打ちしてきましたけど、年金基金のようにポートフォリオを作らなくてもいいのでしょうか？　そもそもポートフォリオに分散することの意味って何でしょうか？

それでは、図表5－2をご覧ください。外国株式インデックス、外国債券インデックス、そして両者を半々で分散したポートフォリオの3つのチャートが示されています。まずは、外国株式インデックスと外国債券インデックスに、どのような違いが見られますか？

——値動きが株式のほうが大きいです。

（図表5-2）外国株式に外国債券を加えたポートフォリオ効果①

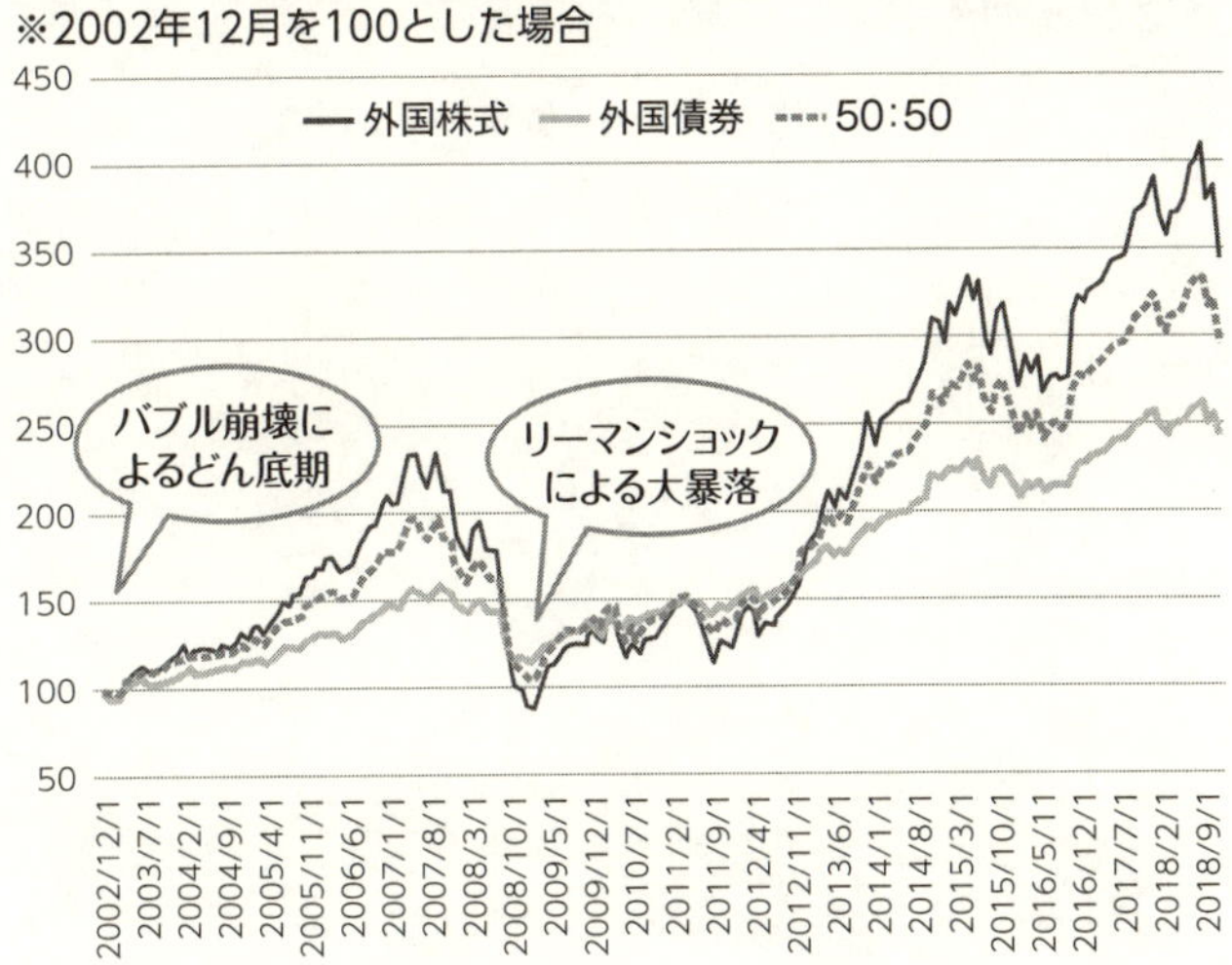

それから？

——最終的には、株式のほうが債券より値上がりしている……

そうですね。要するに、株式は債券より値動きが大きい、つまりリスクが大きいけれど、長期的なリターンは株式のほうが大きいということ。そして、両者を50％ずつのポートフォリオにすると、外国株式100％で持つよりは、市場が下落した時の損失を抑える効果があるということがチャートから見て取れます。

それでは、図表5－3のチャートをご覧いただけますか？

——はい、こちらは何のチャートですか？

図表5－2と同じものです。

（図表 5-3） 外国株式に外国債券を加えたポートフォリオ効果②

※1999年3月を100とした場合

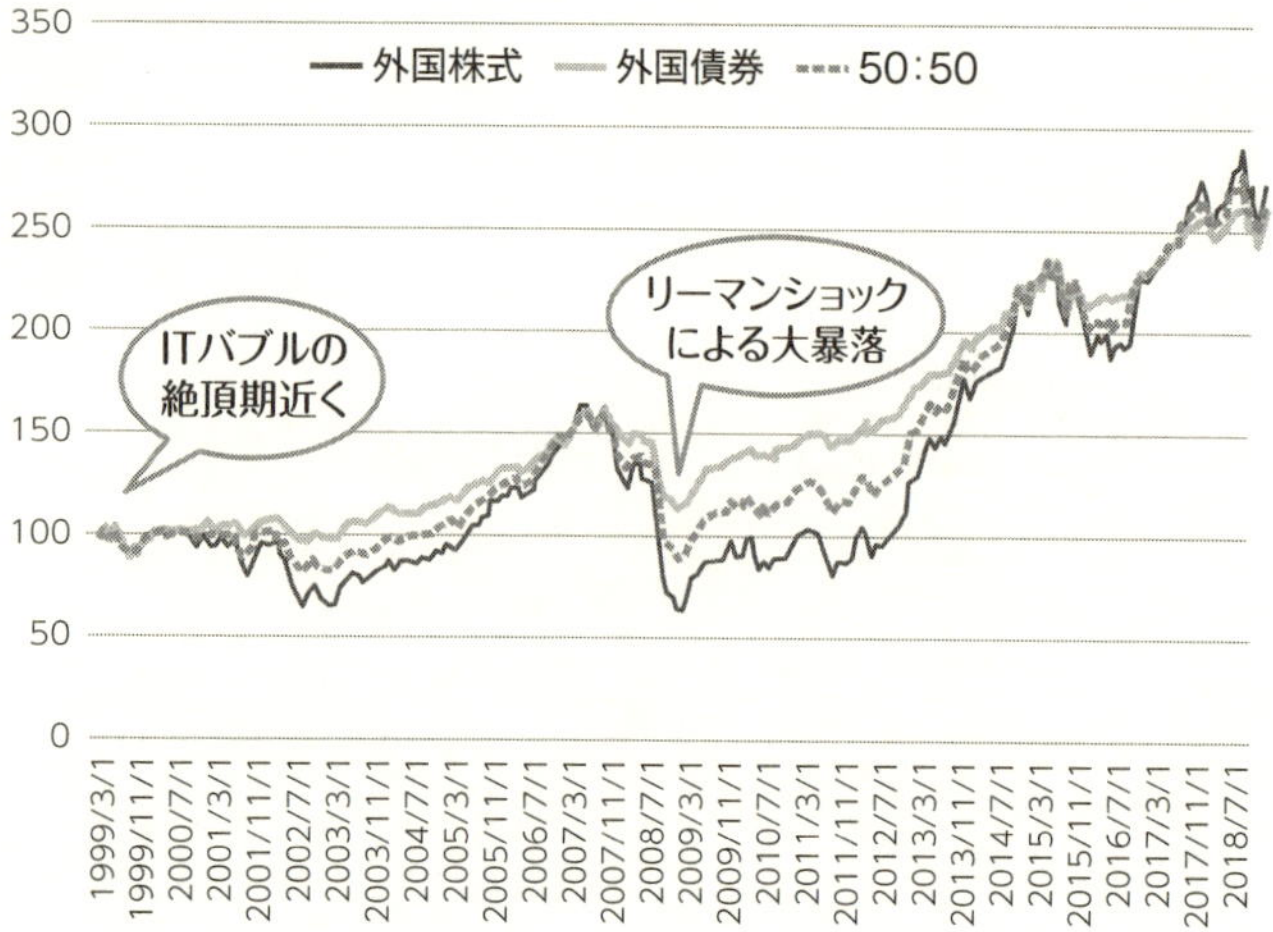

——えっ、まったく違うように見えますが……

ですよね。けど同じものなんです。チャートの起点を変えてみただけです。前者は、2002年1月のITバブルの崩壊で株式市場がどん底の時、後者は1999年のITバブルの頂点に近い時を起点にしています。

——後者のチャートだと、長期的なリターンで株式と債券がほとんど同じに見えますね。

そうです。私がこのチャートをあえてお見せしたのは、この業界では普通に行われていることとして、ウソではないけれど都合のいいチャートを目的によって作り出せることを知ってほしかったからです。たとえば、お客様に株式系の投資信託を販売したいなら、どっちのチャートをお見せしますか？

——もちろん前者です！

債券系の商品を買ってほしかったら？

——後者ですね〜。すっかりダマされています。

中村さん、決してウソをついているわけではないのですよ。データをごまかしているわけでもありません。ただ、都合よく使い分けているだけです。この手の仕事をしている人であれば、たいていの人は、この商品だったら○年からのデータを使うとおいしいチャートが作れるといった土地勘を持っています。

——過去のチャートって実績ですよね。それが信じられないなら何を信じたらいいのですか？

過去のチャートのようなデータで信頼できるのは、私の場合、超長期のチャートだけですね。たとえば、図表5－3でもわかるように、短期で見れば、

「債券リターン」＞「株式リターン」

の大小関係が観察されます。しかし、超長期で見れば、国の違いを問わず、その不等号の向きは必ず逆になります。短期間だと、どうしてもその時の経済環境や市場の状況によっ

て特異な動きを見せることがありますが、超長期では株式なら株式本来の、債券なら債券本来の特性に近づいていきます。こうした現象を、私たちは「長期の平均回帰性」と呼んでいます。

ちょっと話の内容が本筋から遠ざかってしまいましたので、ポートフォリオに戻しましょう。

――ポイントは、外国株式に外国債券を加えると、リーマンショックのような暴落が起きた時の損失を抑えてくれる効果があるということでよろしいでしょうか？

はい、特に図表5－2を見ていただくと抜群の効果を発揮していますね。このポートフォリオ効果は事実なので、素直に受け入れていただいて結構です。

――基本8種類のインデックスがありましたから、その組み合わせによっていろいろなポートフォリオを作れるのでしょうね。どのように比率を決めていけばいいんですか？

自分の収入や資産状況、リスクに対する許容力、ゴール設定によって総合的に検討する……という教科書的な解答は「一括投資」の場合でして、実は「長期・分散・積立」投資の場合は、それほどポートフォリオ分散に神経を尖《とが》らせなくても大丈夫です。

――えっ、そうなんですか。やはり、「外国株式インデックス」1本でいいのですか？

いや、他に加えていただきたいものがありますが、まずは結論を出す前にもう少し組み合わせについて学んでみましょう。

どのような組み合わせがあるか1――〝債券〟と組み合わせる

組み合わせを紹介する前に、あらためて株と債券の関係を説明しておきますね。一般的に、株価が上がると、債券価格は下がるという関係性にあります。そのため、両方を持っていると、片方の値が下がっても、もう片方が補完してくれるということです。

――ということは、「外国株式インデックス・ファンド」と、もう一つは「外国債券インデックス・ファンド」を持つといいということですか？

はい。運用資産全体の安全性を高めるためには、外国債券インデックス・ファンドを組み合わせるのが効果的です。

――日本債券インデックスは必要ないですか？

中村さんの厚生年金の中で35％も保有されているわけですから、中村さん個人のポートフォリオに必要ないと思います。今後、「日本債券インデックス」が大きなリターンを生むことはないでしょうしね。

――わかりました。ところで、株式と債券が双方でリスクを補完し合うということは、両方が同じくらい上昇と下落を繰り返したら、利益がプラスマイナスゼロ（＝利益なし）ってことになりませんか？

世界全体で見れば市場は長期的に上昇していくので、株式の上昇と債券の下落でプラスマイナスゼロになることはまずないので安心してください。

――わかりました。それでは、積立投資で続ける場合もやはりリスクは下げられるのでしょうか？

外国株式インデックス１本の場合と、外国債券インデックスを同額にして、20年間積み立てた場合の効果を、図表５－４でご覧ください。

――2018年時点での利益は、外国株式インデックス1本のほうが良い数字をマークしていますね。

はい。しかし、２００９年の時の数字に注目してください。この時期はリーマンショックで株価が大暴落した時期ですが、両者の数字はどうなっていますか？

外国株式インデックス１本のほうは、２００９年にガクンと落ちたあと、２０１２年頃まで何度も元本割れを引き起こしていますね。

でも、「外国株式インデックス」と「外国債券インデックス」を50対50で積み立てたほうは、一時的に元本を下回ったものの、すぐ回復しています。

(図表5-4) 外国株式1本と「外国株式+外国債券」の比較

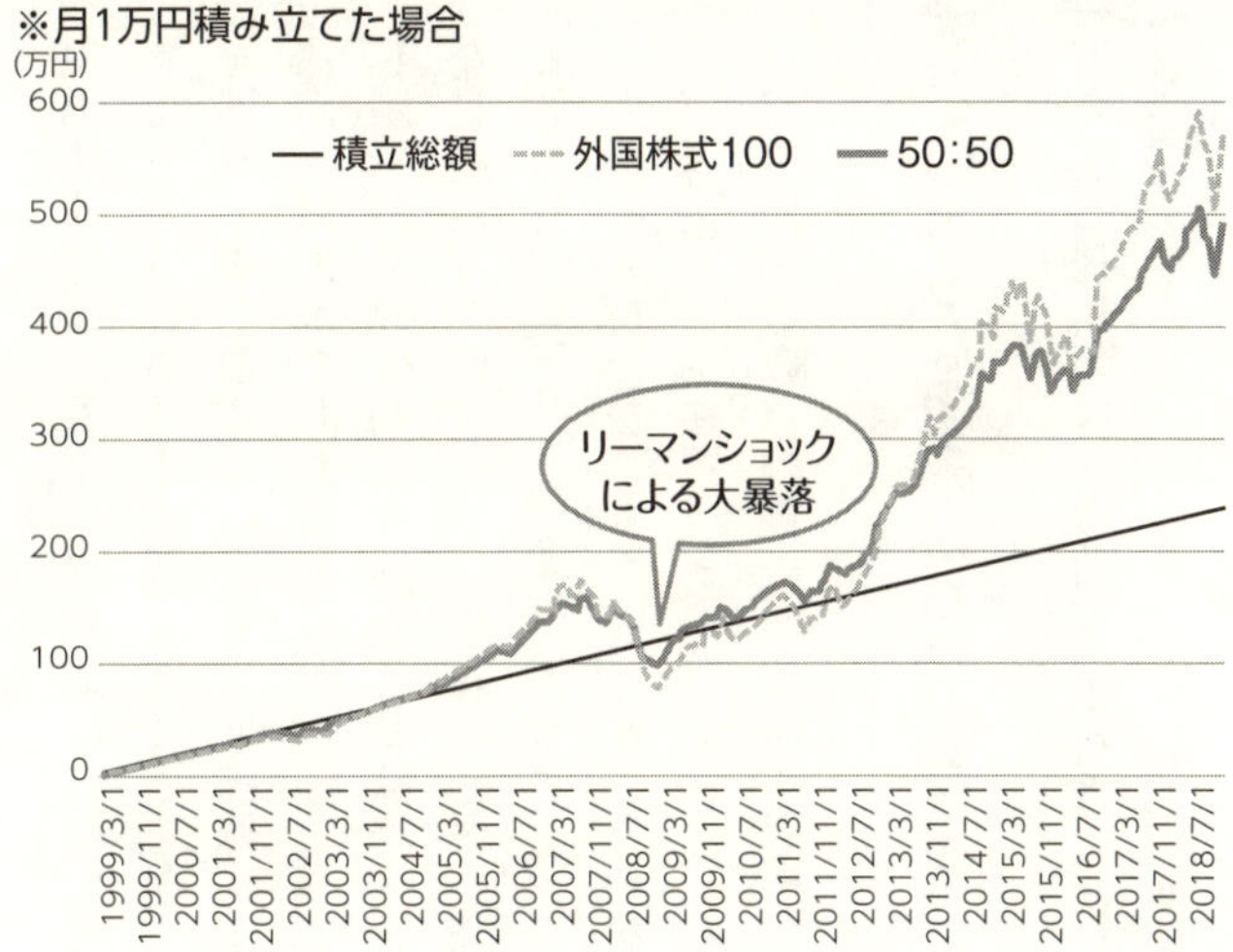

50対50で積み立てたほうは、元本割れを起こした時も、損失額がそれほど大きくはありませんよね。つまり、債券を加えることで、リターンは小さくなりますが、リスクを抑えることができるんです。想定通りの結果が出ましたね。

――組み合わせによって、リターンやリスクをコントロールできるようになるんですね。面白いです。私が積立投資を始める時も、外国株式に外国債券を組み合わせようかなぁ。

中村さんのような若い方、これから投資期間が20年、30年ある方の場合においては、積立投資の中に債券を含める必要はないというのが私の考えです。

――えっ、リスクに備えなくてもいいんですか？

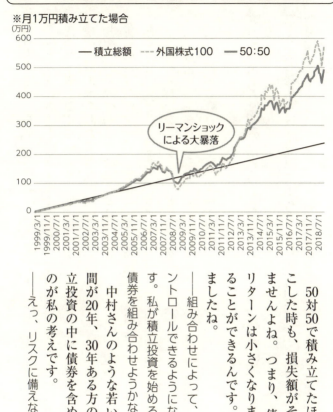

短中期的にはともかく、長期的には債券よりも株式のリターンが高くなることは、一括投資でも積立投資でも成立することを学んでいただきました。教科書的に言うならば、60歳を迎える少し前くらいから、外国株式から外国債券に少しずつ配分比率を高くしていく方法が一般的かもしれません。

しかし、最近の60歳は高齢者とは呼べないほど、まだまだ若い人たちです。これから十分な長期投資が可能です。それに、仮に65歳まで外国株式インデックスで積立投資を続けたとしても、「積立」の逆バージョンである「取り崩し運用」という手法を用いれば、必ずしも債券を持たなくてもいいというのが私の考えです。

——「積立投資」の逆バージョン、「取り崩し運用」って前（3章）に教わったものですか？

そうです。この点は後でちゃんと説明します。

どのような組み合わせがあるか2——〝新興国株式〟と組み合わせる

「取り崩し運用」に入る前に、中村さんには「外国株式インデックス・ファンド」に加えて、「新興国株式インデックス・ファンド」を組み合わせることをおすすめします。

（図表 5-5）外国株式と「外国株式＋新興国株式」の比較

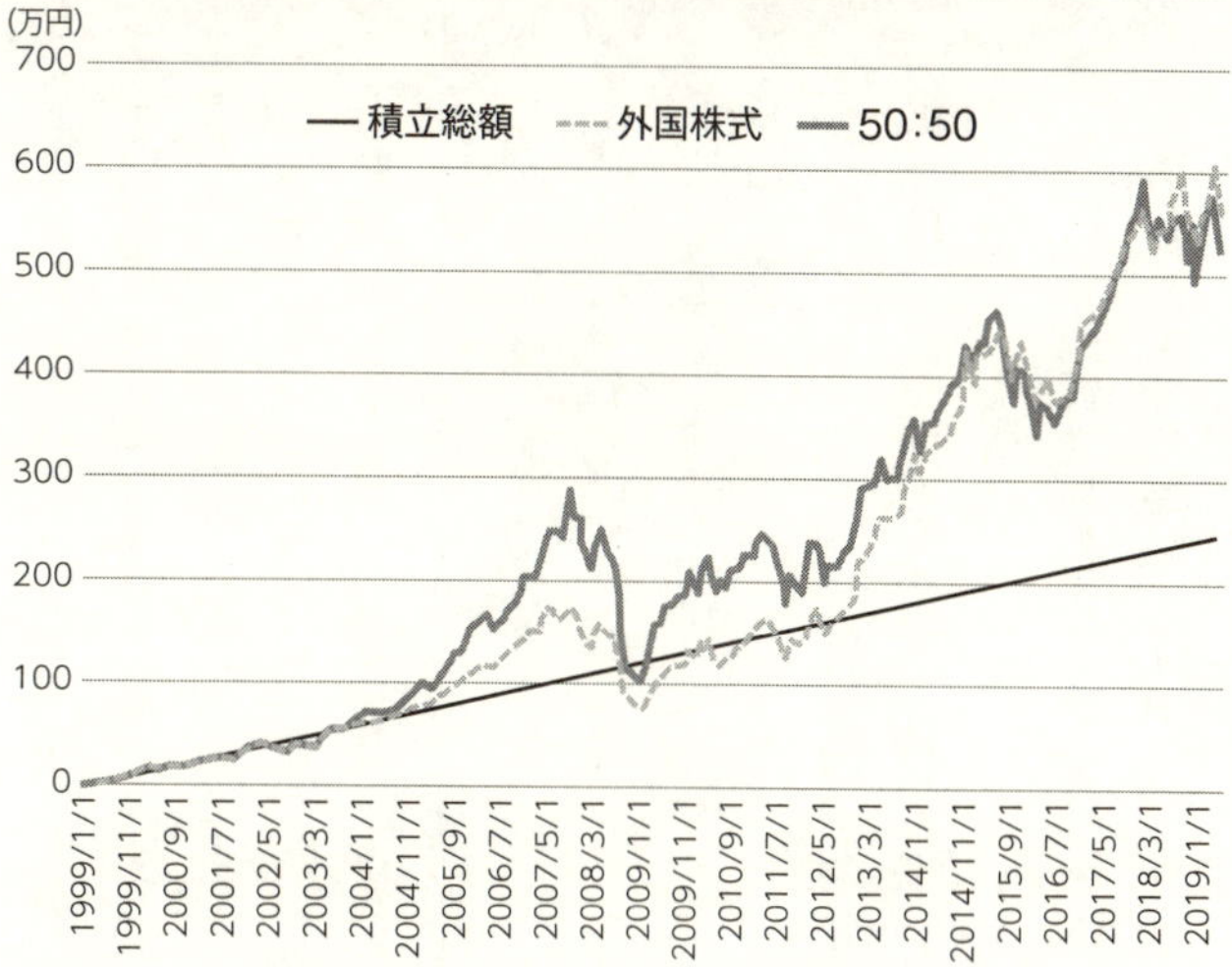

――新興国株式インデックス・ファンドというのはどういう投資信託なんですか？

外国株式インデックスが先進国の株式をバランスよく組み込んでいるのに対して、新興国株式インデックスは、ＢＲＩＣｓ（ブラジル、ロシア、インド、中国）、フィリピン、インドネシア、タイ、韓国、台湾、そのほか中南米、東ヨーロッパなど、今伸び盛りの23か国の株式を組み込んでいます。

――先進国が大人だとすると、新興国は高校生、大学生のようにこれからの活躍が期待できる成長国という感じですね。今後さらに経済発展していく国だから、上昇率が期待できるんですね！

はい。しかし同時に、まだまだ経済的に不安定な要素も大いにある国々なので、下落幅も大きくなりやすいというデメリットがあります。「外国株式インデックス」1本の場合と、2つを同額積み立てた場合の違いを示してみましょう。図表5－5をご覧ください。

——おお〜。差が大きく開いている時もあれば、最近はほぼ同じような動きをしていますね。

ここ数年で見ると、米国の割合が多い外国株式は堅調でしたが、新興国は米中貿易戦争などの影響で大きく売られるなど、慌ただしく動いていました。

その結果、直近で見る限りは、外国株式1本のほうが、新興国を加えたポートフォリオよりも運用成績が優れていますね。

——上地さんは、新興国株式のほうがリスクが高いとおっしゃってましたよね。でも、このグラフを見る限り、新興国株式を含むポートフォリオは、元本割れをほとんど起こしていません。どうしてなのでしょうか？

分散投資にしたことで、新興国の元本割れリスクを防いだかたちですね。しかし、私はこの場合は、分散効果より積立効果による影響のほうが大きいのではないかと推察します。

——積立効果による影響ですか？

はい。積立投資効果のグラフではなく、純粋な投資リターンで比較してみましょう。図表5－6を見てください。1991年1月1日に一括投資した100万円が、どう変化し

（図表5-6）外国株式、新興国株式、均等ポートフォリオのリターン比較

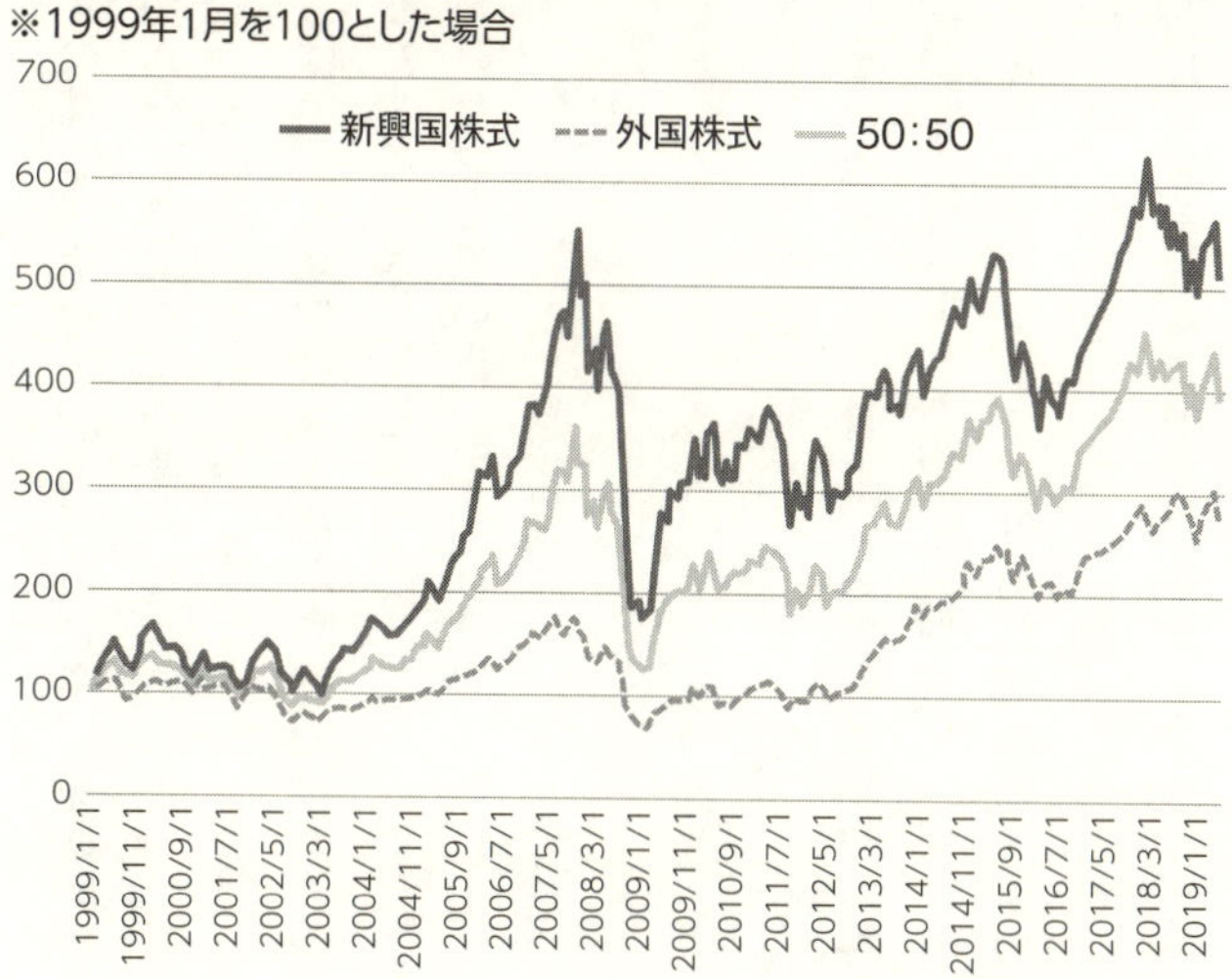

たかを表したチャートだと考えてください。

——投資リターンだけで見ると、新興国株式の成績のほうが圧倒的に優れていますね！

そうなんです。長期的なパフォーマンスは新興国株式のほうがリターンではるかに凌駕《りょうが》しています。一方で、価格の変動性は先進国よりも新興国のほうが圧倒的に大きいことが見て取れるはずです。

——新興国、あるいは新興国を含むポートフォリオのほうが長期的なリターンが大きいけど、そのかわり、値段が大きく動くんですね。

でも、図表5－5の積立投資で見ると、リーマンショック時の暴落局面においては、値動きの大きい新興国株式を組み入れても元本割れのリスクが小さくなっています。長期の積

立投資は、値動きが大きい資産、短期的には大きく値下がりする資産のほうが面白いと、個人的には思っています。

――え、これが面白いんですか?

はい。積立投資は下落が大きいほどその後の利益が大きくなることも学んでいただきましたよね。覚えていますか? もし忘れていたら87ページの問題で、AとBどちらが儲かっていたかを思い出してください。

――ああ、あれはビックリでした。Aが債券でBが新興国株式のイメージですね。

はい。

――図表5―6を見ると、リーマンショック時の新興国株式が大きく下がって大きく上がる様子がよくわかります。積立投資だったら、絶対に新興国株式を加えたほうが大きく増えそうでいいですね。

その通りです。日本に確定拠出年金が導入された2001年以降、学生時代の友人から「数ある投資信託の中から何を選べばいいんだ?」という質問が多く寄せられました。私の答えはシンプルに、外国株式50%+新興国株式50%でした。投資の世界における一般常識では、債券を加えるのが普通かもしれませんが、先ほども言ったように、積立投資の場合は、債券はそこまで必要ないというのが私の考えです。

――なるほど。ということは、私は当面、債券のことは考えなくてよさそうですね。

迷ったら、この2本を選べばいい！

もう一つ、中村さんには新興国株式を外せない理由をお話ししましょう。

――なんですか？

図表5－7は、国連関連機関の予測です。2050年における世界のGDPを国・地域別で比較したものです。これを見ると、現在は「先進国：新興国＝6：4」なのが、2050年になると「3：7」と大逆転が起こります。

――新興国が、ものすごく成長すると予測されているんですね！　しかも、日本がこんなに小さい。インドにも負けてるじゃないですか？

はい。インド、中国、その他のアジア諸国、そして新興国全体の成長には目を見張るものがあります。2050年、中国とインドだけで世界のGDPの3分の1を占める予想に驚かれるかもしれませんが、イギリスで産業革命が起きる以前の19世紀初頭は、この2か国（清国＋ムガール帝国）だけで世界のGDPの4割を占めていました。

——上地さんが日本債券は不要、日本株式は入れても入れなくてもどっちでもいい、基本は外国株式と新興国株式の2本でいいと考えるのは、こうした背景があるからなんですね。

日本人は、国内の情報についてはほかの国の人よりも多く詳しく入ってくるので、どこに投資をしたいかと聞くと、日本の企業が中心になってきます。通貨においても普段から接している「円」に馴染みがありますよね。

そのため、資産運用の世界においては、日本株、日本債券、「円」が投資の思考回路に深く刻まれています。しかし、現実的に考えると、将来的な日本経済の実力はそんなに高くはないんです。あまり喜ばしい話ではないのですが……

——この2050年の世界GDPの構成比を眺めていると、これから投資すべき先が見えてきたような気がしてきました。日本ではなく世界ですね。特に新興国の成長に要注目というのは、私でもわかります。

中村さん、素晴らしいですね。このレクチャーも回数を重ねてきましたが、成長を遂げられた証しです。最初の頃は、自分はビビリとお話しされていましたが、今ではすっかり一人前の投資家になってきましたね！

——えへへ、そうですか？　でも基本は小心者なんですけどね。

（図表 5-7） 長期・分散・積立投資に新興国が外せない理由

世界のGDPに占める国・地域別構成比の推移

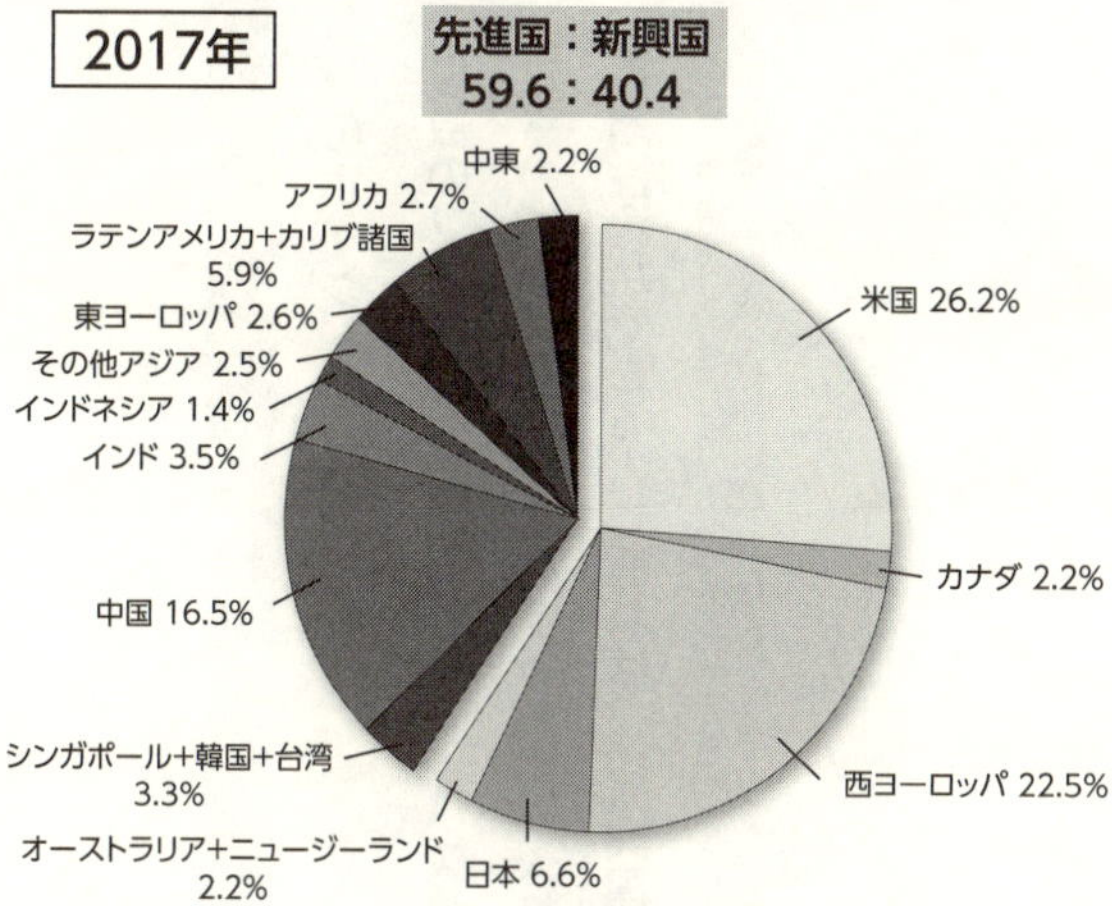

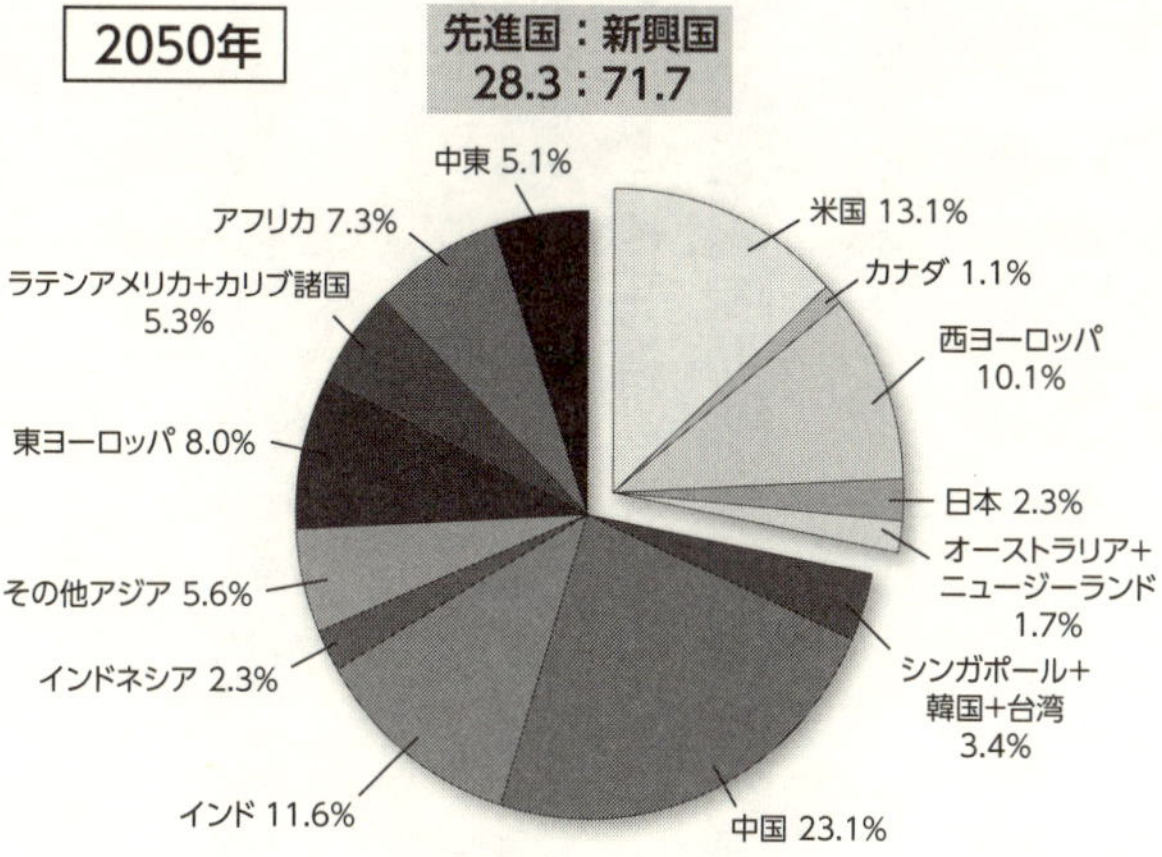

（出所）IMFデータをもとに筆者作成

5章のポイント

□複数のファンドを加えることで、リスク・リターンがコントロールできる。

□定番の債券ファンドは必ずしも組み入れる必要はない。

□長期投資ができる人であれば、「新興国株式ファンド」はぜひ組み入れたい。

6章

年齢・タイプ別、老後資金を2倍以上に増やす実践アドバイス

——貯金ゼロなら、夫婦共働きなら、50歳からは、定年退職前後なら……

30歳の人が35年間の積立投資で2000万円作るには

――上地さん、今回はいろいろな相談に丁寧にお答えいただき、どうもありがとうございました！　ついでというのもなんですが、私の家族、姉夫婦と、両親の資産運用についてもアドバイスをいただけませんか？

お安い御用ですよ。目標設定をお聞かせいただければ、答えは簡単です。商品は、中村さんと同じ、インデックス・ファンドにしましょう。まずは復習をかねて、中村さんの積立投資をシミュレーションしてみましょう。

◎ゴール：30歳から65歳までの35年間で2000万円を貯める
◎戦略：35年間の長期運用＋積立運用
◎商品：「外国株式インデックス・ファンド」と「新興国株式インデックス・ファンド」の均等分散を「つみたてNISA」口座で

（図表6-1）積立かんたんシミュレーション（楽天証券）

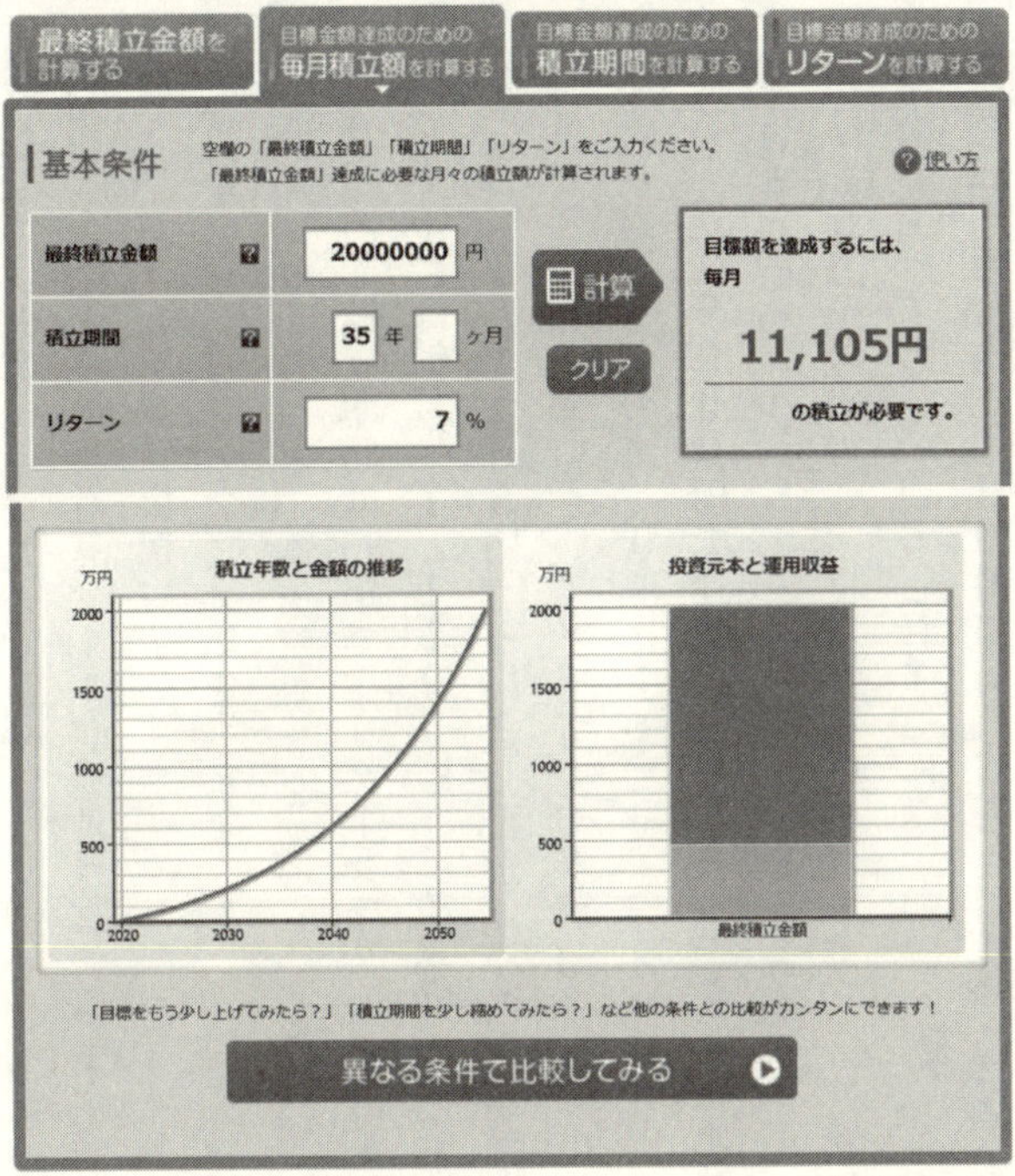

（出所）楽天証券HP

——私の場合は、最低でも確保したいと思う「2000万円」。あと、できれば目指したい「3000万円」の、2つのゴールを設定しました。NISA口座の開設もネット証券ですませています。

目標と戦略を決めたら、次の手順はなんだったでしょうか？

——毎月の積立金額の決定ですよね。そうそう、金融庁の積立計算機を使うんでした。

金融庁の計算機はとても便利なのですが、「運用期

間」が最長で「30年」までしか利用できません。ネットで検索すると、金融機関を含め、いろいろな企業から簡易計算ツールが提供されています。ここでは楽天証券の「積立かんたんシミュレーション」を使いましょう。

――わかりました。では、入力していきますね。

「積立シミュレーション　楽天証券」を検索し、「毎月積立額」を計算します。積立額が2000万円。積立期間は35年で、リターンは7％で計算します。すると答えは……目標額を達成するには毎月「1万1105円」の積み立てが必要です、とのことです。

計算では「1万1105円」と出ましたが、この金額はあくまでもシミュレーションであり、目安となる金額くらいに考えてくださいね。実際の運用は、大きく値上がりや値下がりを繰り返しますので、状況によっては1万2000円でも目標達成できない場合もありますし、逆に9000円で達成できてしまうかもしれません。

――常にリスクはあるんだということを頭に入れておかないといけないんですね。

最初は1万円から始めて、収入や値動きのイメージがつかめた頃合いを見計らって投資金額を引き上げてもいいかもしれません。

それでは、目標金額を3000万円にして計算するとどうでしょうか？

――目標金額を3000万円にして計算し直すと……毎月の積立額は、「1万6657円」となりました。正直、ちょっと厳しい金額なので、今回は毎月1万円の積み立てから始めてみたいと思います。その後、収入が増えたり、臨時収入があったら、積立額を増やすことを検討したいです。

それでいいと思いますよ。その調子でがんばってください。

――ところで「リターン　7%」と入力しましたが、もう少し控えめな数字のほうが無難でしょうか？

いや、中村さんの場合、「外国株式」と「新興国株式」が投資対象なので、「7%」でも問題ないと思いますよ。「外国株式」の長期平均リターンが7・6%、「新興国株式」の長期平均リターンが8・4%なので、半々の分散ポートフォリオは8・0%となります。

ちなみに、「外国株式」と「外国債券」に半々、あるいは、世界の株式や債券に分散投資する「国際分散投資型（グローバル・バランス）」1本なら「5%」でいいと思います。

――過去のデータからみると、7%はそんなに非現実的な数字ではないんですね。よかったです。

特に中村さんの場合、35年の運用期間がありますよね。10年くらいの運用だとその10年間が恵まれた10年か、それとも困難な10年になるかによって、10年間の平均リターンに開きが生じることが多いのですが、20年、30年と超長期になりますと、先ほど説明した「長期リターンの平均回帰性」と呼ばれる証券市場特有の現象が起きます。

——長期的に見ると、平均的な利率に近づいていくっていうことですね。

そうです。僕自身もこの世界に30年以上身を置いていますが、マーケットで繰り返されるこうした現象を何度も見てきたので、暴落が来てもなんとも思わなくなってきました。むしろ絶好の買い時が来たと嬉しくなるくらいです。

——上地さんレベルになると、そんなふうに考えられるんですね！

価値あるものが安く買えるバーゲンハンティングのチャンス到来ですからね。

大暴落が起きると、必ずといっていいほど、「これまでと違って、今回は戻らないだろう……」と市場は弱気に支配されます。アメリカでは、"This time is different（今回は違う）"という言葉が暴落のたびに繰り返されてきましたが、必ず回復を遂げてきました。

——もし暴落が来て怖くなっても、必ず回復すると思えばいいんですね。忘れないようにしないと。

そうです。実際にこんな経験をしたことがあります。リーマンショックの直後、日本のみならず世界の投資家が総悲観に陥り、市場の回復を信じる人は少数派でした。私はちょうどリーマンショックが起きる1年前に「長期・分散・積立」投資を啓蒙《けいもう》する本（『ダマされたくない人の資産運用術』青春出版社）を書かせていただいたのですが、あの時は世界の証券市場はすべてが連動して暴落したので、分散投資は機能しない、もう戻ることはないだろうから積立投資の論理も破綻したと言われるなど散々でした。

――そんな時期があったんですね～

私はある雑誌の記事で反論を書かせていただき、「時間はかかるかもしれないが市場は必ず戻る、『長期・分散・積立』投資の論理は破綻していない、100年に一度の危機は『100年に一度の絶好の買い場』になる」と主張しました。

そして2018年のことです。セミナーに来てくださったお客様が、「私の投資がうまくいったのはこの記事のおかげです」と、しわくちゃのコピーを見せてくれました。よく見るとそのコピーは、私が2009年に書いたその雑誌記事だったのです。「私はリーマンショックの大暴落で何度も売りたい誘惑にかられましたが、この記事をお守りにしてきました」と言われた時の喜びは格別のものでしたね。自分の書いたものが「お守り」なんて、しばらく体がジーンとしてしまいました。

――いいお話ですね～。私もその方のように、仮にリーマン級の暴落が来ても世間の論調に振り回されることなく、ひたすら無心に積立投資を続けることをここに誓います！

そのお気持ちを忘れずに続ければ必ず成功すると思います。

――がんばります！

40歳から始めて退職までの25年間に2000万円作るには

——次は、私の姉のご相談です。姉は結婚していて、旦那さんが40歳です。40歳から始めて、退職時の65歳までに2000万円作るパターンがいいかなと思います。なので、ゴールは、「25年間」、目標金額は「2000万円」でお願いします。

了解です。お姉さんに説明するのは中村さんだし、毎月の積立金額の設定はもうできますよね。戦略は「長期・分散・積立」投資で問題なさそうだし、商品も25年間と十分に長い時間があるので中村さんと同じでいいでしょう。

——わかりました。金融庁の計算機を使って試算してみます。

「毎月いくら積立てる?」から、「積立期間」を25年、「想定利回り」を7%、「目標金額」2000万円で計算。毎月の積立金額は「2万4689円」となりました!

妥当な数字ではないですか?

——はい。「外国株式インデックス(世界株式インデックスでも可)」と「新興国株式インデックス」を均等分散で「毎月2万5000円」の積立投資で良さそうですね。姉夫婦はダブルインカムなので、

(図表6-2) 資産運用シミュレーション（金融庁）

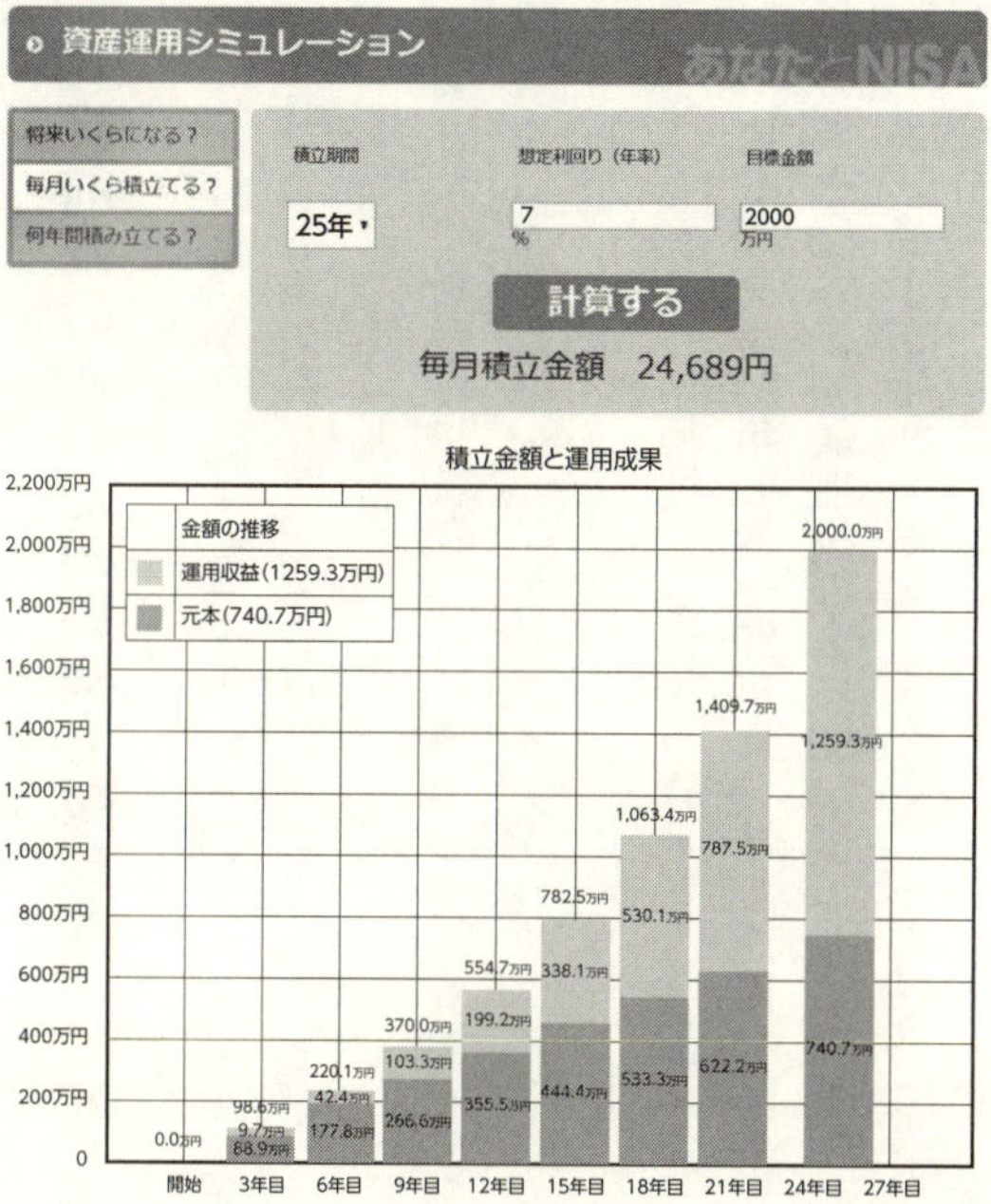

（出所）金融庁HP

月額2万5000円という金額も現実的だと思います。むしろ、もっといけるのかも？

いずれにせよ、意外と簡単にシミュレーションできてしまうものですね。

そうですね。難しいのは、「想定利回り」をどう設定するかという点ですね。20年以上の期間であれば「7％」で問題ないかと思いますが、10年以下だとかなりのブレ幅が生じてしまいます。なので、もう少し控えめの数字、たとえば、「5％」くらいで想定するのが妥当かと思われます。

50歳前後の人のための積立投資&取り崩し運用プラン

——では今度は、両親のケースをお願いします。父は来年で定年退職を迎えます。まだまだ元気なので、退職後も非常勤ながら仕事を続けるようなので、しばらくは収入がありそうな感じです。どんなプランを提示してあげればいいでしょうか?

お父さんの場合は退職金を賢く運用して、資産寿命をどう延ばすかが課題ですね。図表6-3をご覧ください。世界株式インデックス・ファンドで40年間のシミュレーションを行いました。

——40年ですか? 父は元気ですけど、さすがにあと40年は無理だと思います!

いやいや。前半20年と後半20年に分けて説明しますが、前半20年は中村さんなどの若い世代の人や、いま50歳前後の人に聞いてほしいことで、お父さんは聞き流していただいて結構です。後半20年が、お父さんへのアドバイスとなります。

——わかりました。よろしくお願いします。

（図表6-3）世界株式インデックスで「取り崩し運用」

世界株式インデックス（MSCI-Word）で月5万円の20年積み立て、その後20年、年5％の額を取り崩しながら運用を続けていたら

前半20年：1200万円→3734万円
後半20年：3734万円→？？？円

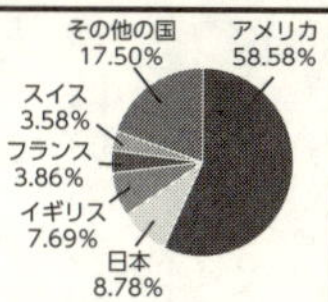

20年間の取り崩し額合計
2940万円
＋
1999年からも継続運用 年5％ずつ取り崩した場合の残高
2933万円

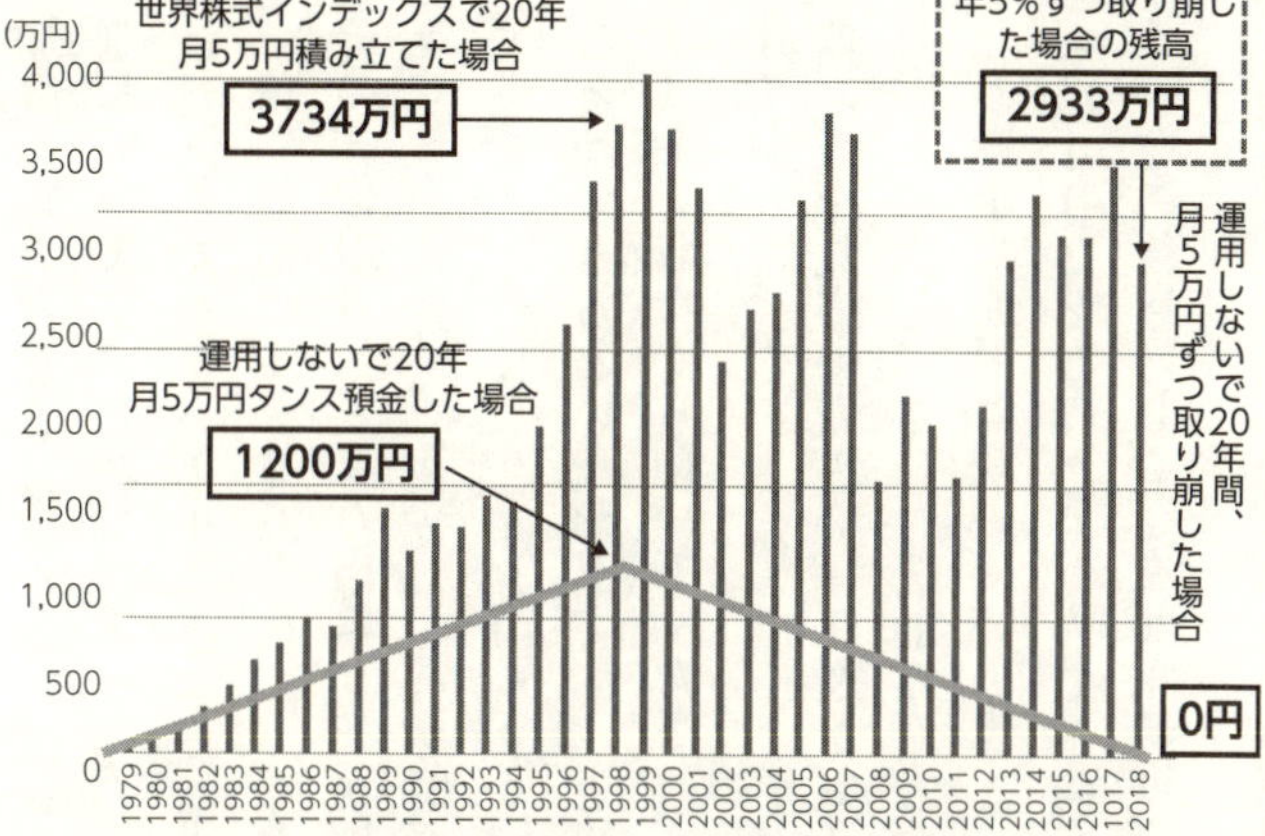

	毎月5万円 年末での投資額	世界株式インデックス 年末での累積額
1979	60	68
1980	120	133
1981	180	196
1982	240	295
1983	300	418
1984	360	540
1985	420	668
1986	480	819
1987	540	771
1988	600	1044
1989	660	1468
1990	720	1205
1991	780	1370
1992	840	1356
1993	900	1551
1994	960	1516
1995	1020	1965
1996	1080	2577
1997	1140	3409
1998	1200	3734

	残高 （引き続き運用）	前年末の5％を 取り崩し
1999	4022	187
2000	3701	201
2001	3356	185
2002	2313	168
2003	2641	116
2004	2752	132
2005	3298	138
2006	3797	165
2007	3688	190
2008	1658	184
2009	2137	84
2010	1977	107
2011	1677	99
2012	2079	84
2013	2948	104
2014	3328	147
2015	3097	166
2016	3077	155
2017	3500	154
2018	2933	175
	（残高）	2941

取り崩し額の合計

ITバブル崩壊

毎年の取り崩し額（前年末残高の5％）

リーマンショック

定率取り崩しは、下がった時の取り崩し額は少なめになるが、それが資産寿命を延ばす結果に

図表6－3は、50歳から2000万円を作る際に使用したものと基本同じものですが、金額を変えて作り直しています。しかし、あらためて積立投資の威力と、取り崩し運用の面白さを感じていただけるかと思います。まずは前半の20年間、「毎月5万円」を積み立てますと、20年間で積立総額は1200万円。しかし、世界株式インデックスで当該期間積み立てた人は、その3倍の3734万円になっていることがわかります。

――月5万円だと20年で3700万円ですか。やはり凄いですね～

さあ、後半の20年です。この3734万円を老後資金として、「定率」で取り崩し運用を行うと、こんなことができるというお話です。老後のまとまった資産をどのように運用すればいいのかをイメージしながら聞いてください。

――はい、わかりました！

図表6－3の下側の表を見てください。1998年の年末の残高が3734万円。その5%である187万円を解約し、これを公的年金と合わせて生活していきます。187万円を解約しても残りの資産で運用は続いていきます。

1999年の年末は4022万円だったので、同じように5%の201万円を解約して生活資金に回します。その後も同じことを20年続けていきます。

――定率で取り崩すと、資産寿命が延びるんでしたよね。20年後の資産はどうなっているのでしょうか？

20年の間で、取り崩したお金の総額は「2941万円」であるにもかかわらず、なお「2933万円」残っています。

――すごーい。資産がちゃんと残ってますね！

あらためて取り崩し運用の効果を認識することができますね。

金利ゼロのタンス預金で毎月5万円、20年積み立てた人は1200万円になり、その後の20年でゼロになってしまいます。しかし、定率で取り崩していけば、同じ積立額であるにもかかわらず、20年後に1200万円が3734万円になり、さらに20年後には、2940万円使い果たしてもまだ2933万円が残っている。

――なんだかキツネにつままれているような心境です。

65歳前後の人のための分割投資&取り崩し運用プラン

――このシミュレーションでわかることは、まとまったお金があったら預金などで寝かせておくのはもったいない、世界株式インデックスにして取り崩し運用にしたほうがいいっていうことですね。

そうなんですが、一つ問題があります。今のシミュレーションでは、20年間かけて積み立てた3700万円を取り崩す方法で説明しました。

しかし、中村さんのお父さんは退職金などのまとまったお金を運用したいというお話ですよね。大金を一括で世界株式インデックスに投資するというのは、非現実的です。

――一括投資は上地さんもおすすめしていませんでしたよね。どうしたらいいのでしょう?

お父さんは、まだしばらく収入があるとのことでしたね。今の時代、65歳から年金だけでの生活というのはまずないでしょう。そこで提案なんですが、たとえば、退職金の半分くらいは預金にして、いつでも使えるように確保しておいて、残りの半分を「10年」かけて分割投資(146ページ参照)に回す。そして、75歳になってから本格的な年金生活に入り、5%ルールを設けて取り崩し運用を始める……というプランです。たとえば、1200万円の10年分割ならば毎月10万円の投資金額になります。

――父が私の言うことを信じて耳を貸すかどうかはわかりませんが、本書が完成したらプレゼントして「10年分割投資」+「取り崩し運用」のプランを説明してみますね。

ぜひそうしてあげてください。取り崩しの方法なんですけど、今回のような5%の「定率」と毎月10万円みたいな「定額」取り崩しとの2種類があることは以前にお話ししました。いろいろなパターンで計算してみましたが、定額取り崩しよりも、定率取り崩しをおすすめします。資産寿命を延ばすという観点で効果が高かったからです。

――わかりました。取り崩し率を、5%ではなく3%に引き下げたり、あるいは7%に引き上げたら、取り崩し効果はどうなるでしょうか？

図表6-3のケースで計算してみると、3%のケースで、20年間の取り崩し額の合計が「2148万円」、20年後の残高が「4449万円」です。当たり前とはいえ、残高の多さに驚きますね。

――すごい額が残りますね。

7%で計算すると、20年間の取り崩し額の合計が「3420万円」、20年後の残高は「1916万円」です。

――7%で取り崩しても意外と残っているもんですね！

そうですね。私も正直驚いています。残高はもっと減っていると思いました。ただ、今のところ、この定率取り崩しをシステムとして取り入れている金融機関はまだ少ないので、自分で年末の残高の何%かを計算して、部分解約の手続きをしなくてはなりません。

――あ、そうなんですね。ちょっと面倒だけど仕方ないですね。

でも、ご安心ください。恐らくこの定率取り崩しは、これから高齢化・長寿化社会を迎える日本では最もニーズの高い運用手法になっていくことが予想されますので、そう遠くないうちにすべての金融機関で自動的にできるようなるはずです。しかも年1回の取り崩しではなく、毎月の取り崩しができるようになるでしょう。

――そうなったら、めちゃくちゃ便利ですね。私が老後を迎える頃には、その仕組みが確立しているといいなぁ。投資信託という金融商品は、年金作り、長期の資産運用の中で、私たちの生活を豊かにしてくれるためにいろいろと活躍してくれるのですね。上地さんがおっしゃっていた、「投資信託は『年金』のための金融商品」という意味が、これで本当に腹落ちしました。

わかっていただけて何よりです。そして、「取り崩し運用」の説明の最後に、重要なことを確認させてください。これらのシミュレーション、外国株式インデックス1本のみで、債券が含まれていなかったんですが、リスクの大きさとか感じられましたか？　不安はありませんでしたか？

――いいえ、特段何も。むしろワクワクしながら聞いていました。

それならいいんです。これが、高齢者が必ずしも債券を保有する必要はないという意味です。積立投資が下落のリスクをメリットに変えてくれるように、「取り崩し運用」が積立投資の逆バージョンとして機能するので、安心して資産寿命を延ばしてくれるのに役立つのではないかと思っています。

＊

ここまで「長期・分散・積立」投資について説明してきました。投資に対するイメージは、かなり変わったんじゃないですか？

――変わったどころか、今すぐに始めたい気持ちでいっぱいです！　難しくないし、少ない資金からできるし、私にぴったりの資産運用だと思いました。最初は少なめの金額から始めて、慣れてきたらちょっとずつ増やしていこうかなと思っています。もちろん、外国株式インデックスと新興国株式インデックスで。

それがいいと思います。早く始めれば、それだけ運用期間が長くなります。始めるなら今ですよ。

――さっそくやってみようと思います。上地さん、ありがとうございました！

本書のポイント

- □ゴールを再確認する（○○年で○○○○万円作る）。
- □積立シミュレーションで毎月の積立額を決める。
- □商品が「外国株式インデックス」＋「新興国株式インデックス」なら「7%」、「外国株式インデックス」＋「外国債券インデックス」、あるいは「国際分散投資型インデックス」1本なら「5%」で計算、外国株式インデックスは世界株式インデックスでも可。
- □相場が下落しても「売りたい」という誘惑に勝つ（日々のニュースは気にしない）。
- □やると決めたらすぐに実行する（今すぐ申し込む）。

（巻末資料）

本書で紹介したインデックス・ファンドの推奨商品

「つみたてNISA」向け商品に選ばれたインデックス・ファンドであれば、販売手数料はゼロ、信託報酬もぎりぎりまで抑えられているので、読者のお好みでどの商品を選んでもよいかと思います。下表のファンドは、さらにその中から資産額が安定的に純増している信頼性の高いファンドを選びました。

分類	運用会社
外国株式 インデックス	**ニッセイ外国株式インデックスF** <つみたてNISA可> （運用会社）ニッセイアセットマネジメント
	eMAXIS Slim 先進国株式インデックス <つみたてNISA可> （運用会社）三菱UFJ国際投信
	たわらノーロード先進国株式<つみたてNISA可> （運用会社）アセットマネジメント One
新興国株式 インデックス	**eMAXIS Slim 新興国株式インデックス**<つみたてNISA可> （運用会社）三菱UFJ国際投信
	インデックスF海外新興国株式《DCインデックス海外新興国株式》 （運用会社）日興アセットマネジメント
グローバル・ バランス・ インデックス	**セゾン・バンガード・グローバルバランスファンド** <つみたてNISA可> （運用会社）セゾン投信
	LOSA長期保有型国際分散インデックスF（LOSA投資の王道） （運用会社）アストマックス投信
	eMAXIS Slim バランス（8資産均等型）<つみたてNISA可> （運用会社）三菱UFJ国際投信
	たわらノーロードバランス（8資産均等型）<つみたてNISA可> （運用会社）アセットマネジメント One

おわりに

　私が投資信託と本格的に向き合うようになったのは22年前、投資信託専門金融機関の創業に加わった時のことでした。投信〝維新〟の時代到来と叫ばれ、外資系、独立系、異業種系運用会社の参入（それまでは証券会社系の系列運用会社しか認められていなかった）、98年投信法の改正（それまでは監査義務すらなかった）によって、「商品（ちゃんと選べばですが）と制度」についてはグローバル・スタンダードになった時代です。しかしながら、手数料稼ぎの目的で短期売買が横行する「販売」だけは、依然として暗黒時代が続いていました。

　さて、あれから22年が経ち、日本の投信販売は変わることが出来たのでしょうか。答えは、本書の2章で触れさせていただいた通り、当時とあまり変わっていないのが実情です。しかし、金融庁が金融機関の販売姿勢を問題視するようになった4年前から、かすかな光明が射し始めました。やっと山が動いたのです。証券会社はともかく、銀行とゆうちょ銀行については、相場観に基づく営業から「長期・分散・積立」投資を主軸とした年金・退職所得マーケットに舵を切るべきという、私の20年来の主張が現実になる日もそう遠くはないかもしれません。顧客から価値を奪い続ける産業が滅ぶのは必定。これから10年、日本の金融産業は大きく変わることでしょう。自由民権運動の嵐が今吹き始めたところかもしれません。

本書は、私を含め3人の合作によるものです。家の建築に例えると、家の基礎工事である企画は青春出版社の中野和彦さん、部屋の間取りを考えてくれたのは対話のお相手であリライターでもある中村未来さん。私はほぼ出来上がった家の内装を手掛けたようなものでしょうか。3人による入念な企画会議を経て、中村さんからの質問に対して、私がホワイトボードでレクチャーを繰り返す延べ8時間の攻防、その後に録音から原稿を起こす作業も中村さん。今、書き上げられた原稿を最初から最後まで読み通して感じたことは、よくぞここまでまとめていただいたと感心するばかりです。

また、貴重なデータの提供に関しましては、キャピタル・インターナショナル株式会社の増永愛さん、依田俊也さんのお二人にご協力いただきました。その他、全ての方のお名前をあげることはできませんが、本書が完成するまでお世話になったすべての方々にお礼を言わせてください。皆さん、本当にありがとうございました。

上地明徳

人生の活動源として

いま要求される新しい気運は、最も現実的な生々しい時代に吐息する大衆の活力と活動源である。

文明はすべてを合理化し、自主的精神はますます衰退に瀕し、自由は奪われようとしている今日、プレイブックスに課せられた役割と必要は広く新鮮な願いとなろう。

いわゆる知識人にもとめる書物は数多く窺うまでもない。

本刊行は、在来の観念類型を打破し、謂わば現代生活の機能に即する潤滑油として、逞しい生命を吹込もうとするものである。

われわれの現状は、埃りと騒音に紛れ、雑踏に苛まれ、あくせく追われる仕事に、日々の不安は健全な精神生活を妨げる圧迫感となり、まさに現実はストレス症状を呈している。

プレイブックスは、それらすべてのうっ積を吹きとばし、自由闊達な活動力を培養し、勇気と自信を生みだす最も楽しいシリーズたらんことを、われわれは鋭意貫かんとするものである。

―創始者のことば―　小澤和一

著者紹介

上地明徳〈かみじ あきのり〉

1958年東京生まれ。オンライン金融ビジネススクール「上地ゼミ」主催者、一般向けには同じくオンラインで学べる「アール宅配便」を通じて長期国際分散投資の啓蒙活動を行う。また、信州大学経営大学院特任教授としてファイナンス科目を担当。早稲田大学大学院経済学研究科修士課程修了、米国モルガン・スタンレー証券にトレーダーとして入社。1998年、日本初の投資信託専門証券会社の設立に参画、同社にて専務取締役。その後、米国大手資産運用会社にてアドバイザーを歴任。『ダマされたくない人の資産運用術』(小社刊)のほか著書・論文多数。2014年、大阪銀行　協会より論文『銀行の投資信託販売と投資家の行動バイアス』で優秀賞を受賞。2016年、『年金民営化の経済分析』で特別賞受賞。

老後《ろうご》の資金《しきん》 10年《ねん》で2倍《ばい》にできるって本当《ほんとう》ですか？

青春新書 PLAYBOOKS

2019年11月1日　第1刷
2021年11月25日　第2刷

著　者　上《かみ》 地《じ》 明《あき》 徳《のり》

発行者　小澤源太郎

責任編集　株式会社プライム涌光

電話　編集部　03(3203)2850

発行所　東京都新宿区若松町12番1号 〒162-0056　株式会社青春出版社

電話　営業部　03(3207)1916　振替番号　00190-7-98602

印刷・三松堂　製本・フォーネット社

ISBN978-4-413-21150-5